청담동
단골 샌드위치

청담동 단골 샌드위치

1판 3쇄 발행 2023년 8월 22일

지은이 정미경
펴낸이 김선숙, 이돈희
펴낸곳 그리고책(주식회사 이밥차)

주소 서울시 서대문구 연희로 192(연희동 76-22, 이밥차 빌딩)
대표전화 02-717-5486~7
팩스 02-717-5427
홈페이지 www.2bc.co.kr
출판등록 2003.4.4. 제10-2621호

본부장 이정순
편집 책임 박은식
편집 진행 조효진, 손모아, 박수희
영업 이교준
마케팅 양승은, 임정섭, 송채림
경영지원 원희주

포토 디렉터 박형주
푸드 스타일링 김미은
스타일링 어시스트 노정아
요리 어시스트 이밥차요리연구소
교열 김혜정
디자인 공간42 이용석

ⓒ2023 정미경
ISBN 979-11-91923-02-5 13590
All rights reserved. First edition printed 2022. Printed in Korea.
· 이 책을 무단 복사, 복제, 전재하는 것은 저작권법에 저촉됩니다.
· 값은 뒤표지에 있습니다. 잘못 만들어진 책은 바꾸어 드립니다.
· 책 내용 중 궁금한 사항이 있으시면 그리고책(Tel 02-717-5486, 이메일 tiz@2bc.co.kr)으로 문의해 주십시오.

청담동 정 선생의 **간단하고 맛있는 레시피 100**

글·요리 **정미경**

그리고책
andbooks

prologue

샌드위치의 기본 3요소는 빵(Bread), 스프레드(Spread), 필링(Filling)이라고 할 수 있습니다. 이 중에서도 가장 중요한 것은 물론 빵이겠지요. 다른 부가 재료 없이 빵 자체만으로 식사가 가능하기도 하니까요. 10년 전만 해도 바삭한 바게트 파는 곳을 찾는 것이 쉬운 일은 아니었습니다. 맛있는 샌드위치를 만들고 싶어도 원하는 빵을 구하기 힘들어 일부러 찾아 나서거나 특별히 미리 주문해야 하는 경우가 흔치 않은 일이었거든요. 하지만 요즘은 행복하게도 여기저기에 베이커리가 넘쳐납니다. 만드는 사람에 따라 빵의 맛과 모양이 달라 선호하는 스타일의 빵을 고르기도 쉬워졌고요. 그뿐만이 아니죠. 예전에는 외국 서적에서나 보았던 낯선 식재료들도 이제는 구하기 어려운 것이 없습니다. 앞으로는 오직 무엇을 선택할까만을 고민하면 되는 것이죠.

이렇듯 빵이 다양해지면서 빵 문화도 발전하고, 빵을 즐기고 먹는 횟수가 늘어남에 따라 빵을 활용한 레시피에 대한 수요가 생기기 시작했습니다. 밥상을 차리는 데 기본이 되는 밥도 이에 어울리는 국과 찌개, 반찬을 소개하는 요리책이 필요하듯, 빵도 마찬가지로 빵에 어울리는 스프레드와 속 재료 필링을 소개해 건강하고 맛있게 만드는 샌드위치 레시피의 필요성이 증가하게 되었습니다. 하지만 막상 샌드위치를 만들어 볼까 하고 생각하면 식빵과 마요네즈, 슬라이스 햄, 슬라이스 치즈 정도밖에 떠오르지 않는다는 분들이 생각보다 주변에 많았습니다. 그래서 그런 분들이 쉽게 따라 할 수 있는 샌드위치 레시피북을 만들어야겠구나 하는 생각을 하게 되었죠.

이 책은 그러한 필요성에 맞게 1년 전부터 기획을 하고, 매달 그 시기에 맞는 식재료를 활용한 레시피를 만들어 한 달에 한 번씩, 1년간 차근차근 촬영 작업을 하며 제작했습니다. 사계절을 통틀어 1년이라는 시간 동안 준비해서 만든 책이라서인지 이전의 저의 다른 요리책들보다 더 애정이 가는 책이 되었습니다.

사실 샌드위치는 몇 가지 기본적인 것들만 생각해두면 가장 만들기 쉬운 요리일 뿐 아니라 가장 먹기 편한 요리, 그리고 다양한 재료를 한꺼번에 즐길 수 있는 요리입니다. 또한 만드는 사람의 기호에 따라 필링 재료를 바꿔 넣으면 그만큼 다양한 맛의 샌드위치가 가능해져 창작의 재미까지 있는 요리이기도 하고요.

베이글에 크림치즈 하나만으로도 맛있는 샌드위치가 되는 것처럼, 단 한 가지 스프레드만으로도 빵맛은 풍성해지지요. 스프레드만 더해서 만든 가벼운 샌드위치부터 그 속에 재료를 한 가지만 추가해 만든 샌드위치, 속 재료를 두 가지를 더해 만든 샌드위치, 그리고 서너 가지 이상의 속 재료를 더 넣어 만드는 묵직한 샌드위치까지, 필요와 상황에 따라 활용할 수 있는 사계절 레시피를 이 책에서 소개합니다. 그리고 특별히 따로 섹션을 마련해 소개하는 오픈 샌드위치는 이름처럼 모든 재료가 겉으로 드러나 재료에 따른 배색의 화사함까지 그대로 살린 샌드위치입니다. 간단한 손님 초대나 모임부터 파티용 샌드위치에 이르기까지 이 책이 다양하게 활용될 수 있을 거라 믿어 의심치 않습니다.

새롭게 요리책을 낼 때면 늘 설렙니다. 그동안의 노력의 결실이 한 권의 작품으로 묶어져 나오는 것이니까요. 이번 샌드위치 레시피북에 특히 더 많은 설렘을 느끼는 이유는 아마도 그동안의 저의 요리책과 달리 제가 처음으로 작업해서 내놓는 샌드위치 책이어서 그런가 봅니다.

점차 음식을 먹고 서로 나누는 일이 그 어떤 것보다 많은 행복과 위로가 되는 요즘, 마음과 정성을 담아 만든 이 책이 많은 분들에게 그런 시간을 갖는 데 도움이 될 수 있기를 바랍니다.

언제나 든든하게 곁을 지켜주는 김선숙 대표님, 아무 말 하지 않아도 내 마음속에 들어오신 듯 맘에 쏙 들게 촬영해 주신 박형주 실장님, 수고를 마다하지 않고 섬세하고 멋지게 스타일링해 준 김미은 실장님 그리고 정아씨, 옆에서 손과 발이 되어 작업을 도와준 이밥차요리연구소의 세연, 모아, 예원, 그리고 많은 고민으로 책을 꾸려준 효진, 끝으로 언제나 저의 삶과 존재의 이유가 되어주는 가족에게 깊은 감사와 사랑의 마음을 전합니다.

2022년 정미경

PART 01 샌드위치 들어가기

- 샌드위치 기본 요소 ① 소스 & 스프레드 • 12
- 샌드위치 기본 요소 ② 빵 • 16
- 샌드위치 기본 요소 ③ 치즈 • 20
- 샌드위치 기본 상식 • 24
- 밥숟가락으로 계량하기 • 26

PART 02 보기 좋고 맛도 좋은 오픈 샌드위치

- 리코타 딸기 루꼴라 샌드위치 • 30
- 카프레제 샌드위치 • 32
- 당근라페 오픈 샌드위치 • 34
- 3색 스프레드 브루스케타 • 36
- 그릴드 파인애플 샌드위치 • 38
- 토마토 달걀 오픈 샌드위치 • 40
- 청포도 브루스케타 • 42
- 과카몰레 망고 샌드위치 • 44
- 올리브 오픈 샌드위치 • 46
- 구운 파프리카 부르스케타 • 48
- 크림치즈 블루베리 오픈 샌드위치 • 50
- 훈제연어 타르틴 • 52
- 와사비 참치 샌드위치 • 54
- 새우 샌드위치 • 56
- 핫콘 브루스케타 • 58

contents

PART 03 포만감 가득 채우는 볼륨 샌드위치

햄 치즈 크루아상 샌드위치 • 66
클럽 샌드위치 • 68
BLT 달걀 샌드위치 • 70
게살 그릭요거트 샌드위치 • 72
햄 치즈 바게트 샌드위치 • 74
비프스테이크 샌드위치 • 76
필리치즈 샌드위치 • 78
게맛살샐러드 모닝롤 • 80
튜나 케일 샌드위치 • 82
감자샐러드 샌드위치 • 84
데리야키치킨 샌드위치 • 86
훈제연어 베이글 • 88
홈메이드 칠리소스 핫도그 • 90
칠리마요 달걀 샌드위치 • 92
달걀 샌드위치 • 94

PART 04 한 손에 들고 가볍게 즐기는 샌드위치

- 구운 버섯 카망베르치즈 파니니 • 98
- 구운 가지 샌드위치 • 100
- 써니사이드업 에그 샌드위치 • 102
- 시저샐러드 샌드위치 • 104
- 구운 파프리카 샌드위치 • 106
- 구운 버섯 시금치 샌드위치 • 108
- 3가지 치즈 파니니 • 110
- 달걀 아보카도 샌드위치 • 112
- 베이컨 양파 샌드위치 • 114
- 볶은 대파 치즈 머핀 • 116
- 할라페뇨 베이컨 샌드위치 • 118
- 구운 채소 샌드위치 • 120
- 참치 샌드위치 • 122
- 베이컨 아보카도 샌드위치 • 124

PART 05 특별함을 담은 이색 샌드위치

- 포두부 랩 샌드위치 • 128
- 언위치 샌드위치 • 130
- 크로크 무슈 • 132
- 크로크 마담 • 134
- 양파잼 치즈 파니니 • 136
- 돼지고기 반미 샌드위치 • 138
- 병아리콩 샌드위치 • 140
- 말린 토마토 피칸 베이글 • 142
- 소시지 타코 샌드위치 • 144

PART 06 간편한 재료로 간략하게 초간단 샌드위치

두부 샌드위치 • 154

햄 애플 샌드위치 • 156

그린그린 샌드위치 • 158

파프리카 월넛 샌드위치 • 160

할라페뇨 크림치즈 샌드위치 • 162

치킨랩 • 164

새싹그린 샌드위치 • 166

사과 브리 샌드위치 • 168

오이 샌드위치 • 170

딸기 크림 샌드위치 • 172

PART 07 친숙한 재료로 만든 한식 샌드위치

길거리 토스트 • 176

곤약밥 샌드위치 • 178

불고기 비빔밥 부리토 • 180

소고기 볶음밥 부리토 • 182

불고기 햄버거 • 184

마늘빵 • 186

PART 08 곁들이 음식 & 음료 레시피

당근 크림수프 • 190

브로콜리 치즈수프 • 192

매시드 포테이토 수프 • 194

스트로베리 스파클링 • 196

스트로베리 민트 스매시 • 198

라임 모히토 • 200

루비자몽청 & 자몽에이드 • 202

자몽 얼그레이터 • 204

키위젤리 에이드 • 206

코울슬로 • 208

인덱스 • 210

PART 01

샌드위치 들어가기

샌드위치 기본 요소
① 소스 & 스프레드

빵을 계속 먹게 하는 마성의 매력, 소스 & 스프레드. 평범한 식빵 위에 쓱 바르기만 하면 그 자체만으로도 맛있는 음식이 되게 하는 마법 같은 재료예요. 시중에 판매되는 기성품도 좋지만 직접 만든 핸드메이드 소스와 스프레드로 샌드위치에 특별함을 더해보세요.

필수 재료 마늘(2쪽), 바질(2컵), 잣(¼컵), 파르메산치즈가루(½컵)
양념 올리브유(⅔컵), 소금(0.3), 후춧가루(약간)

1. 마늘은 얇게 썰고,
2. 블렌더에 바질, 잣, 마늘을 넣어 갈고,
3. 올리브유를 조금씩 넣어가며 섞고,
4. 파르메산치즈가루, 소금, 후춧가루를 넣어 고루 섞어 마무리.

바질페스토
Basil Pesto

필수 재료 블랙올리브(1컵), 그린올리브(1컵), 케이퍼(1), 앤초비(1개), 말린 토마토(3쪽), 바질(10장)
양념 올리브유(⅓컵), 다진 마늘(0.5), 다진 파슬리(2), 레몬즙(3)

1. 씨를 뺀 올리브와 케이퍼, 앤초비는 물기를 빼고,
2. 말린 토마토는 올리브유에 담아 불린 뒤 적당히 등분하고,
3. 블렌더에 모든 재료와 양념을 넣어 갈아 마무리.

올리브 타프나드
Olive Tapenade

필수 재료 오이(½개), 쪽파(2대), 크림치즈(100g)
양념 소금(약간)

1. 오이는 곱게 채 썰어 소금에 10분간 절이고, 물기를 꼭 짠 뒤 곱게 다지고,
2. 쪽파는 송송 썬 뒤 물기를 꼭 짜고,
3. 크림치즈에 손질한 오이, 쪽파를 고루 섞어 마무리.

큐컴버 크림치즈
Cucumber Cream Cheese

필수 재료 호두(40g), 크림치즈(100g), 메이플시럽(3), 말린 크랜베리(2)

1. 호두는 곱게 다지고.
2. 크림치즈, 호두, 메이플시럽을 거품기로 저으면서 고루 섞고.
3. 말린 크랜베리를 섞어 마무리.

메이플 월넛 크림치즈
Maple Walnut Cream Cheese

필수 재료 양파(½개), 프레시 딜(1), 크림치즈(1컵)
양념 마요네즈(4), 레몬즙(1), 꿀(1), 다진 마늘(0.3), 소금(0.1), 후춧가루(약간)

1. 양파는 곱게 다져 물기를 꼭 짜고.
2. 프레시 딜은 잘게 자르고.
3. 크림치즈와 양념을 고루 섞고.
4. 손질한 양파, 프레시 딜을 넣어 고루 섞어 마무리.

어니언 크림치즈
Onion Cream Cheese

필수 재료 차이브(4장), 양파(¼개), 크림치즈(200g)
양념 소금(0.2), 다진 마늘(1)

1. 차이브는 송송 잘게 썰고.
2. 양파는 곱게 다져 물기를 꼭 짜고.
3. 모든 재료와 양념을 고루 섞어 마무리.

차이브 크림치즈
Chives Cream Cheese

필수 재료 당근(20g), 쪽파(2대), 크림치즈(100g)
양념 소금(약간)

1. 당근은 곱게 채 썰고, 소금에 10분간 절인 뒤 물기를 꼭 짜고.
2. 쪽파는 얇게 송송 썰어 물기를 꼭 짜고.
3. 크림치즈, 당근, 쪽파를 고루 섞어 마무리.

캐롯 베지 크림치즈
Carrot Vege Cream Cheese

필수 재료 와인 식초(¾컵), 말린 토마토(1컵)
양념 올리브유(¾컵), 다진 마늘(0.3), 다진 파슬리(1), 설탕(1), 발사믹 식초(1), 소금(0.3), 후추(약간)

1. 물(1½컵)을 따뜻하게 데운 뒤 와인 식초와 섞고,
2. 말린 토마토를 넣어 부드러워질 때까지 불리고,
3. 불린 토마토는 건져 칼로 곱게 다지고,
4. 양념과 고루 섞어 마무리.

말린 토마토 스프레드
Dried Tomato Spread

필수 재료 양파(⅙개=50g), 영양부추(20g), 파슬리(10장), 케이퍼(1.5), 앤초비(3쪽)
양념 올리브유(¾컵), 다진 마늘(1), 레몬즙(1.5), 디종머스터드(1), 통후추(약간)

1. 양파는 채 썰고, 영양부추는 송송 썰고, 파슬리는 짧게 자르고,
2. 모든 재료와 통후추를 제외한 양념을 블렌더에 넣어 곱게 갈고,
3. 통후추를 갈아 넣어 마무리.

부추 케이퍼 스프레드
Chives Caper Spread

필수 재료 셀러리(1대), 양파(½개), 스팸(100g)
양념 마요네즈(3), 머스터드(0.5), 후추(약간)

1. 셀러리와 양파는 잘게 다진 뒤 소금을 살짝 뿌리고, 10분간 두었다가 물기를 꼭 짜고,
2. 스팸은 잘게 다져 팬에 고루 볶은 뒤 키친타월로 눌러 기름을 빼고,
3. 셀러리, 양파, 스팸에 양념을 섞어 마무리.

스팸 스프레드
Spam Spread

필수 재료 훈제연어(100g), 적양파(¼개), 프레시 딜(1), 크림치즈(120g), 생크림(3)
양념 케이퍼(0.3), 홀스래디시(0.2), 레몬즙(1), 소금(약간), 후춧가루(약간)

1. 훈제연어는 1cm 폭으로 썰고, 적양파는 곱게 채 썰고, 딜은 곱게 다지고,
2. 크림치즈와 생크림을 곱게 섞고,
3. 손질한 재료와 크림치즈, 양념을 블렌더에 갈아 마무리.

훈제연어 스프레드
Smoked Salmon Spread

멕시칸 칠리소스
Mexican Chilly Sauce

필수 재료 양파(1개), 청양고추(4개), 다진 마늘(0.3), 토마토 페이스트(4), 통조림 키드니빈(½컵=100g)
양념 올리브유(1), 칠리파우더(1), 월계수잎(1장), 오레가노(0.2), 커민(0.2), 소금(0.6), 설탕(0.3), 후춧가루(약간)

1. 양파와 청양고추는 반으로 갈라 씨를 뺀 뒤 잘게 다지고,
2. 냄비에 올리브유를 두른 뒤 양파와 다진 마늘을 넣어 투명해질 때까지 볶고,
3. 다진 청양고추와 칠리파우더를 넣어 1분간 볶고,
4. 토마토 페이스트를 넣어 1분간 볶은 뒤, 물(1컵)과 나머지 양념을 모두 넣어 10분간 졸이고,
5. 적당한 농도가 되면 키드니빈을 넣어 한 번 더 끓여 마무리.

필수 재료 버터(1), 밀가루(1), 우유(1컵)
양념 소금(0.3), 후추(약간)

1. 중간 불로 달군 팬에 버터를 넣어 녹이고, 버터가 녹으면 밀가루를 넣어 볶고,
2. 우유를 넣어 계속 저어가며 끓여 적당한 농도가 되면 양념으로 간을 해 마무리.

베샤멜 소스
Bechamel Sauce

필수 재료 양파(½개), 마늘(1쪽), 토마토 페이스트(3), 토마토퓌레(1컵)
양념 올리브유(2), 설탕(0.3), 소금(0.3), 후춧가루(약간), 바질가루(0.2)

1. 양파와 마늘은 잘게 다지고,
2. 중간 불로 달군 팬에 올리브유를 두른 뒤, 양파와 마늘을 넣어 투명해질 때까지 볶고,
3. 토마토 페이스트를 넣어 고루 섞으며 볶고,
4. 토마토퓌레, 설탕, 소금, 후춧가루, 바질가루를 넣어 섞고, 걸쭉해질 때까지 졸여 마무리.

이탈리안 토마토소스
Italian Tomoto Sauce

필수 재료 오이(½개), 마늘(2쪽), 프레시 딜(1), 그릭요거트(100g)
양념 소금(0.2), 레몬즙(1), 올리브유(1), 후추(약간)

1. 오이는 곱게 채 썬 뒤, 소금에 절여 물기를 꼭 짜고,
2. 마늘은 곱게 다지고, 프레시 딜은 잘게 썰고,
3. 손질한 재료에 그릭요거트와 나머지 양념을 고루 섞어 마무리.

차지키 소스
Tzatziki Sauce

샌드위치 기본 요소
② 빵

샌드위치의 시작과 끝을 책임지는 빵은 샌드위치에서 가장 중요한 재료입니다. 무슨 빵을, 어떤 형태로 쓰는가에 따라서 샌드위치의 맛과 개성이 달라진답니다. 상황과 재료에 맞는 빵을 활용해 다양한 샌드위치를 만들어보세요

식빵 Plain Bread
샌드위치에서 가장 일반적으로 사용되는 빵이에요. 밀가루와 우유로 만든 기본 식빵 외에도 옥수수식빵, 호밀식빵, 귀리 등의 잡곡이 들어간 식빵 등 종류가 다양해요. 샌드위치는 정사각형을 사용해야 가장자리를 잘라냈을 때 가장 깔끔해 보인답니다. 오픈 샌드위치가 아니라면 식빵의 두께는 너무 두껍지 않은 것이 좋아요.

베이글 Bagel
반죽한 도우를 뜨거운 물에 한 번 튀겨서 만든 도넛 모양의 담백한 빵이에요. 우유나 달걀 등의 부재료가 많이 들어가지 않아 보존성이 좋은 편이고 쫄깃한 맛이 매력적이에요. 플레인 베이글 외에도 볶은 양파, 크랜베리, 시나몬, 건포도 등의 다양한 재료가 박혀있거나 알록달록한 색을 가진 베이글도 있어요. 단맛이 나는 잼보다는 크림치즈와 잘 어울려요.

바게트 Baguette
길쭉한 원통형으로 겉은 단단하고 바삭하며, 속은 촉촉하고 부드러운 프랑스 빵이에요. 밀가루, 물, 이스트, 소금만으로 만들어 담백하고 고소해요. 바게트는 시간이 지날수록 겉의 바삭함이 사라져 맛이 떨어지므로 가능한 당일에 구운 바게트를 구매하는 것이 좋아요. 바게트는 썰 때 기울기와 두께에 따라 완전히 다른 느낌으로 사용할 수 있어요. 반듯하고 얇은 것은 핑거푸드 형태의 브루스케타로, 어슷하고 두꺼운 것은 한 끼 식사용으로 좋답니다.

크루아상 Croissant
페이스트리 반죽을 겹겹이 쌓아 만든 초승달 모양의 빵이에요. 버터 함량이 많아 열량이 높지만 버터의 짭짤한 간과 고소한 향이 느껴져 그 자체만으로도 맛있어요. 간단한 재료만으로도 풍성한 맛을 느낄 수 있으므로 스프레드는 맛이 진하지 않은 것으로 사용해요. 부피에 비해 가볍고 층이 많으며 속살이 켜켜이 잘 찢어지는 것을 선택하세요. 샌드위치를 만드는 동안 재료에 눌리면 찌그러지기 쉬우니 조심히 다루어 모양을 유지하는 것이 중요해요.

모닝롤 Morning roll
작고 동그란 모양의 포근한 빵이에요. 아침 식사용이나 간식용으로 부담 없이 먹을 수 있어요. 빵 자체에 단맛이 있어 간단하게 잼이나 버터를 발라서 먹으면 좋아요. 샌드위치에 사용할 때는 빵의 크기가 작으므로 많은 재료를 쌓기보다 간단하게 넣어 먹을 수 있는 달걀 샐러드나 감자 샐러드 등을 추천해요.

치아바타 Ciabatta
이탈리아어로 '슬리퍼'를 뜻하는 치아바타는 이탈리아 남부지방에서 즐겨 먹는 슬리퍼처럼 납작한 형태의 빵이에요. 올리브유를 넣어 만들어 촉촉하고, 안쪽에 둥글고 큰 구멍이 숭숭 뚫려 있는 것이 특징이에요. 장시간 발효한 반죽으로 만들어 겉은 쫄깃하고 속은 부드러우며 촉촉해요. 치즈를 넣어 샌드위치로 만들면 고급스러운 느낌을 주는 빵이에요.

포카치아 Focaccia
'화덕에 구운'이라는 뜻의 라틴어 어원에서 유래된 포카치아는 이탈리아 전역에서 즐겨 먹는 전통 빵이에요. 밀가루에 올리브유, 소금, 허브를 넣어 구워내요. 푹신푹신하고 납작해서 빵 위에 다양한 토핑을 올린 뒤 구워서 먹거나 빵 사이에 여러 가지 재료를 넣어 샌드위치를 만들어 먹기 좋아요. 작게 잘라 수프나 샐러드 등에 곁들여 먹기도 해요. 허브, 토마토, 양파, 올리브, 감자 등의 재료를 넣고 만들어 종류가 다양하니 식성에 따라 골라 사용해요.

사워도우 Sour Dough
둥근 형태에 단단하고 쫄깃한 식감의 껍질을 두른 빵이에요. 제빵용 효모가 쓰이기 전부터 만들어졌어요. 발효시킨 반죽을 한 번에 다 굽지 않고, 조금 떼어 두었다가 다음 반죽을 만들 때 넣기 때문에 살짝 시큼한 맛이 나요. 그 시큼함이 해산물과 육류의 맛을 더욱 산뜻하게 살려줘요. 샌프란시스코의 명물인 클램차우더와 함께 먹는 것으로 유명해요.

캄파뉴 Campagne
프랑스어로 '시골'을 뜻하는 캄파뉴는 호밀가루와 밀가루를 섞은 뒤 천연 발효종을 첨가하여 구워낸 시골풍의 프랑스 빵이에요. 크기는 다양하지만 둥근 형태에 두껍고 딱딱한 껍질이 있는 것은 모두 같아요. 호밀 특유의 향과 풍미가 있어 고소하면서도 담백한 맛, 쫄깃한 식감을 즐길 수 있어요. 프랑스에서 유래한 오픈형 샌드위치인 타르틴의 재료로 주로 활용돼요.

잉글리시 머핀 English Muffin
영국에서 주로 아침 식사로 먹는 동글납작한 형태의 빵이에요. 우유, 버터, 이스트로 만들어 수분 함량이 높은 반죽에 앞뒤로 옥수수가루를 묻혀 전용 팬에 양면으로 구워 만들어요. 단맛이 없는 것이 특징이고, 겉은 바삭하며 쫄깃하고, 속은 촉촉하며 폭신해요. 크기가 크지 않아 간단하게 들고 먹거나 간식으로 가벼운 샌드위치를 먹고 싶을 때 사용하면 좋아요.

스콘 Scone
스콘은 영국의 전통 빵으로 밀가루 반죽에 베이킹파우더, 버터, 우유, 달걀을 넣고 반죽하여 만든 퀵 브레드예요. 원형, 삼각형, 부채꼴, 사각형 등 다양한 모양으로 도톰하게 만들어요. 건과일이나 치즈, 초콜릿, 볶은 채소를 넣어 만들기도 해요. 무엇보다 따뜻하게 먹을 때 가장 맛있고 잼이나 버터와 궁합이 좋아요. 간단한 재료를 넣어 샌드위치로 만들기도 해요.

토르티야 Tortilla
밀가루나 옥수수가루로 반죽해서 납작하게 구워 케사디아, 부리토, 타코 등의 멕시코 음식에 자주 활용돼요. 토르티야 위에 재료를 올리고 말아서 도시락이나 간식용 롤 샌드위치 형태로 주로 만들어요. 팬에 한번 살짝 구워 샌드위치를 만들면 한결 부드럽게 말아져요.

핫도그 빵 Hot-dog Bun
소시지를 넣어 먹기 편하게 만든 핫도그 전용의 길쭉한 빵이에요. 샌드위치를 만들 때 잘 흘러내리는 소스나 재료는 안쪽에 넣고 덩어리가 큰 재료를 위에 올리면 보기에도 좋아요.

반미 Banh Mi
베트남에서 프랑스의 영향을 받아 쌀로 만든 바게트 형태의 빵이에요. 실제 바게트보다 길이는 짧지만 겉이 바삭하고 속이 부드러운 식감은 비슷해요. 쌀가루로 만들어 한결 소화가 잘되고 담백해서 다양한 재료를 넣어 샌드위치처럼 먹어요.

샌드위치 기본 요소
③ 치즈

그 자체로도 완벽한 식품인 치즈는 샌드위치 속에 있을 때 더욱 빛을 발합니다. 치즈를 더해 고소함과 짠맛을 살리고, 열을 가해 치즈를 녹여서 식욕을 돋우기도 해요. 사랑받는 크기만큼 종류도 다양한 치즈에 대해 자세히 알아볼까요?

프레시 모차렐라 치즈 Fresh Mozzarella Cheese
이탈리아가 원산지이며 둥근 모양을 한 이 치즈는 물소 젖의 원유를 이용해서 만들어요. 소금물에 담겨 판매되는데 주로 가공하지 않은 신선한 상태라 보존기간이 짧아요. 따라서 구매 후 가능하면 빨리 먹는 것이 좋아요. 열을 가하면 늘어나는 성질이 있으나 그 자체만으로도 부드럽고 담백하며 고소한 맛을 내므로 열을 가하지 않고 먹는 것이 더 좋아요.

슈레드 모차렐라 치즈 Shred Mozzarella Cheese
프레시 모차렐라 치즈를 가공하여, 잘게 잘라 피자나 토스트 등에 넣어 먹기 편하게 만든 치즈예요. 가열하면 부드럽게 녹으면서 잘 늘어나요. 주로 파니니처럼 팬이나 오븐에 뜨겁게 구워 먹는 샌드위치에 잘 어울려요.

파르미지아노 레지아노 치즈 Parmigiano Reggiano Cheese
이탈리아 북부에 있는 파르마(Parma)와 레지오 에밀리아(Reggio-Emilia)를 중심으로 생산되는 천연 치즈예요. 첨가제나 보존제 없이 우유, 천일염, 천연 레넷(치즈 제조의 기본이 되는 효소)만을 넣어 감칠맛과 달콤한 맛이 나는 경질 치즈예요. 커다란 바퀴 모양 상태로 숙성이 되는데 치즈의 숙성 기간에 따라 레드, 실버, 골든 실이 찍혀요. 마치 조각 케이크 같은 모양으로 판매되고, 주로 얇게 슬라이스하거나 채 썰거나 가루를 내어 사용돼요. 샌드위치에는 보통 슬라이스한 상태로 쓰여요.

브리 치즈 Brie Cheese
프랑스를 대표하는 연성 치즈예요. 외피에 붉은 기가 살짝 돌고 흰곰팡이가 덮여 있는 것이 특징이에요. 겉은 약간 꾸덕꾸덕하고, 속은 부드럽고 진한 크림 상태예요. 견과류, 꿀, 과일 등과 잘 어울리고 풍부한 향을 가지고 있어요. 연질 치즈라 저장 기간이 짧아 일주일 안에 먹는 것이 좋아요.

카망베르 치즈 Camembert Cheese
브리치즈와 함께 프랑스의 대표적인 연성 치즈예요. 카망베르 치즈는 프랑스의 서북부 노르망디 지역에서 만들어졌어요. 둥근 나무상자 안에 포장되어 판매돼요. 브리 치즈와 마찬가지로 과일이나 견과류 등과 잘 어울려요.

그뤼에르 치즈 Gruyere Cheese
스위스 그뤼에르 지방의 경질 치즈예요. 보통 5개월에서 2년 정도의 숙성 기간을 거치면 매끄럽고 노르스름한 상아색을 띠어요. 달콤하고 고소한 맛으로 풍부하고 깊은 풍미가 느껴져요. 향에 대한 거부감도 낮아 접근성이 높은 치즈예요.

에멘탈 치즈 Emmental Cheese
스위스를 대표하는 치즈로 스위스 베른주 에멘탈 지방의 경질 치즈예요. 연하고 노란빛의 딱딱한 치즈로 가운데에 구멍이 숭숭 뚫려 있어요. 와인 향과 과일의 달콤한 향이 나며 식감이 부드러워요. 질감은 단단하지만 열을 가하면 늘어나는 성질이 있어 퐁듀 요리에 많이 사용돼요.

페타 치즈 Feta Cheese
쉽게 부서지며 소금물에서 숙성하기 때문에 마른 껍질이 없어요. 짭짤한 맛으로 간이 센 편이라 오래 보관하고 먹을 수 있어요.

체더 치즈 Cheddar Cheese
영국의 체더 지방에서 만들어진 대표적인 영국 치즈예요. 소젖으로 만든 경질 치즈로 노란빛을 띠고 강한 향을 지녔어요. 모차렐라치즈와 함께 가장 많이 소비되는 치즈의 대명사예요. 보통 블록 형태나 슬라이스로 만들어지면서 샌드위치, 햄버거 등에 많이 활용돼요.

리코타 치즈 Ricotta Cheese
이탈리아어로 '다시 끓여 만든 치즈'라는 뜻으로 치즈를 만드는 과정에서 생긴 유청을 활용해서 만들어요. 약간 새콤하고 부드러우며 유지방 함량에 따라 고소함에 차이가 나요. 보존성이 좋지 않은 편이라 오래 두기보다 채소에 곁들여 바로 샐러드로 먹으면 좋아요.

크림 치즈 Cream Cheese
지방을 많이 함유해 부드럽고 고소하며 새콤한 맛까지 더해진 크림 형태의 치즈예요. 맛과 향이 순해서 누구나 거부감 없이 먹을 수 있고 특히 베이글과 잘 어울려요. 다양한 재료를 섞어 만들면 여러 가지 맛을 낼 수 있어 샌드위치 스프레드로 더없이 좋은 식재료예요.

콜비잭 치즈 Colby-Jack Cheese
미국 위스콘신주에서 모차렐라 치즈, 하우다 치즈, 체더 치즈를 혼합해 신개발한 치즈예요. 화학적인 방법으로 덩어리를 만들어 벽돌 모양으로 굳혀 만들어요. 흰색을 띤 이 치즈는 맛도 좋고 가격도 좋은 편이라 미국에서는 다양한 요리에 자주 쓰여요.

마스카르포네 Mascarpone
이탈리아의 크림치즈로 섬세하고 부드러운 맛이 특징이에요. 걸쭉한 생크림이 떠오르는 치즈로 치즈 특유의 풍미나 신맛은 거의 느껴지지 않아요. 티라미수를 만들 때 주로 사용되는 치즈예요. 빵에 발라 먹기 좋고 무화과, 딸기 등의 신선한 과일과 궁합이 좋아요.

블루 도베르뉴 치즈 Bleu d'Auvergne Cheese
프랑스를 대표하는 블루치즈로 이름처럼 푸른색 곰팡이가 대리석처럼 퍼져 있어요. 잘 부서지고 코를 자극하는 강한 향과 맵고 톡 쏘는 맛이 특징이에요. 다른 치즈보다 짜고 자극적이지만 묘한 중독성이 있어 꿀이나 과일에 곁들여 먹으면 좋아요.

샌드위치 기본 상식
샌드위치의 퀄리티가 높아진다

같은 재료를 사용하더라도 더 잘 아는 사람이 더 맛있는 샌드위치를 만드는 법! 초보자도 쉽게 이해할 수 있는 기본적인 내용만 소개해 드리니 잘 참고해 샌드위치의 퀄리티를 높여보세요.

1. 신선한 재료를 사용하세요
당연한 이야기이겠지만 샌드위치의 맛을 좌우하는 가장 중요한 부분이기도 해요. 빵이나 안에 넣는 필링 재료들이 얼마나 신선하냐에 따라 샌드위치의 맛이 확 달라져요!

2. 재료의 수분을 없애주세요.
신선함은 유지하되 재료의 물기를 최대한 제거해 주세요. 수분이 남아 있으면 빵이 눅눅해질 뿐 아니라 재료와 재료 사이의 수분으로 샌드위치를 먹을 때 내용물이 미끄러지거나 흩어지기 쉬워요.

3. 가능하면 빠르게 만드세요
샌드위치의 생명은 신선함과 재료의 모양을 많이 흩트리지 않는 것에 있어요. 모든 재료가 손에서 머무는 시간을 최소화할수록 신선하고 맛있는 샌드위치를 만들 수 있어요. 필링 재료를 미리 손질한 뒤 완성 직전에 빵을 만지는 것이 좋아요. 샌드위치는 빵에 스프레드를 바르고 재료만 넣으면 뚝딱 만들수록 신선하게 즐길 수 있어요.

4. 빵과 스프레드 그리고 필링의 맛의 조화를 음미하세요
재료 자체에 특별한 맛이 없다면 맛이 강한 소스를 사용하세요. 반대로 재료의 간이 세다면 소스를 최소화하거나 심심한 맛의 빵을 선택하는 것이 좋아요. 예를 들어 햄이나 베이컨 등의 육류를 재료로 사용할 때는 특유의 냄새를 잡는 머스터드 소스가 좋아요. 담백한 맛이 강한 치아바타나 포카치아 등의 이탈리아 빵에는 향이 있는 올리브유, 바질, 발사믹 등의 재료가 가장 잘 어울려요.

5. 빵과 스프레드 그리고 필링의 시각적인 조화를 그려보세요
보기 좋은 샌드위치가 맛도 좋아요. 샌드위치에서는 맛 못지않게 시각적인 이미지(비주얼)도 중요해요. 샌드위치를 잘랐을 때 보이는 단면을 고려하여 재료를 쌓는 순서와 자르는 각도 등을 신경 쓰면 샌드위치 그 자체로도 그럴싸한 음식이 돼요.

6. 빵은 한 번 구워 사용하세요

샌드위치를 만들 때 빵에 스프레드나 재료가 닿는 안쪽 부분은 수분이 흡수되어 빵이 눅눅해지거나 녹기 쉬워요. 이때 스프레드 바를 안쪽 부분을 마른 팬이나 토스터에 구워 미리 수분을 날려주면 빵이 눅눅해지지 않아요. 또한 빵을 구우면 고소한 맛과 바삭한 느낌이 살아나 더욱 맛있는 샌드위치를 즐길 수 있어요.

7. 스프레드는 꼼꼼하게 발라주세요

이 책에는 스프레드 한 가지만으로 만드는 샌드위치 레시피가 있을 정도로 스프레드는 샌드위치에서 중요한 맛의 포인트예요. 또한 스프레드는 대부분 지방 성분이 함유되어 있어 빵의 눅눅함을 막아주는 역할도 해요. 특별한 스프레드가 없는 경우에는 버터나 마요네즈를 얇게 펴 발라 수분 흡수를 막아주세요. 이때 가능하면 꼼꼼하게 빈 곳 없이 발라주어야 샌드위치의 맛을 제대로 즐길 수 있고, 시간이 지나도 처음과 같은 상태를 유지할 수 있어요.

8. 치즈를 잘 활용하세요

치즈는 온도 변화에 민감한 재료이므로 반드시 밀봉해 냉장실에 보관하는 것이 좋아요. 하지만 샌드위치를 만들기 약 30분 전에 미리 상온에 꺼내두면 자르거나 펴 바르기 좋은 상태가 돼요. 또한 치즈는 온도가 천천히 올라가면서 맛과 향이 더욱 풍부해지니 사용하기 전에 미리 꺼내두는 것 잊지 마세요! 치즈는 종류에 따라 맛과 향의 정도가 달라요. 마스카르포네, 모차렐라 치즈, 에멘탈 치즈는 맛과 향이 상대적으로 약하므로 특색 있는 소스나 재료와 사용하기 좋아요. 카망베르 치즈, 체더 치즈, 블루 도베르뉴와 같이 맛과 향이 강한 치즈는 샌드위치에 치즈 단독으로 사용하거나 채소와 과일 등과 함께 사용하면 좋아요.

9. 샌드위치를 잘라야 한다면 포장 먼저 하세요

빵 사이에 다양한 재료를 넣어 만드는 샌드위치는 막상 먹으려면 속 재료들이 삐져나오거나 흘러내려 먹기 힘들 때가 많아요. 포일이나 랩을 이용해서 꼭꼭 여미고 잘 싸서 자르면 내용물이 흐르지 않고 샌드위치의 모양이 흐트러지지 않아요. 포장째 샌드위치를 들고 포장지를 조금씩 뜯거나 샌드위치를 밀어 올리며 먹으면 깔끔하게 먹을 수 있어요.

밥숟가락으로 계량하기

요리의 시작은 계량. 아무리 좋은 레시피라도 정확한 계량 없이는 맛있는 요리가 될 수 없죠. 계량컵, 계량스푼, 저울 등 부담되시죠? 이제 우리 부엌에 늘 있는 밥숟가락과 종이컵을 활용해보세요. 쉬운 계량으로 맛있는 요리를 쉽게 만들 수 있어요.

가루 분량 재기

설탕(1)

숟가락으로 수북이 떠서 위로 볼록하게 올라오도록 담아요.

설탕(0.5)

숟가락으로 절반 정도만 볼록하게 담아요.

설탕(0.3)

숟가락의 ⅓ 정도만 볼록하게 담아요.

장류 분량 재기

토마토 페이스트(1)

숟가락으로 가득 떠서 위로 볼록하게 올라오도록 담아요.

토마토 페이스트(0.5)

숟가락의 절반 정도만 볼록하게 담아요.

토마토 페이스트(0.3)

숟가락의 ⅓ 정도만 볼록하게 담아요.

다진 재료 분량 재기

다진 마늘(1)

숟가락으로 수북이 떠서 꼭꼭 담아요.

다진 마늘(0.5)

숟가락의 절반 정도만 꼭꼭 담아요.

다진 마늘(0.3)

숟가락의 ⅓ 정도만 꼭꼭 담아요.

액체 분량 재기

발사믹 식초(1)

숟가락 한가득
찰랑거리게 담아요.

발사믹 식초(0.5)

숟가락의 가장 자리가 보이도록
절반 정도만 담아요.

발사믹 식초(0.3)

숟가락의 ⅓ 정도만 담아요.

종이컵으로 분량 재기

올리브유/물(1컵)

종이컵에 찰랑거리게
가득 담아요.

올리브유/물(½컵)

종이컵의 절반보다 살짝 위로
올라오게 담아요.

올리브유/물(⅓컵)

종이컵의 절반이 안 되도록
⅓ 정도만 담아요.

손으로 분량 재기

시금치(1줌)

손으로 자연스럽게
한가득 쥐어요.

버섯(1줌)

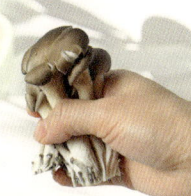

손으로 자연스럽게
한가득 쥐어요.

샐러드 채소(1줌)

손으로 자연스럽게
한가득 쥐어요.

PART

02

—

보기 좋고
맛도 좋은
오픈
샌드위치

Ricotta Strawberry Rucola Sandwich

for 3

리코타 딸기 루꼴라 샌드위치

보기만 해도 봄이 느껴지는 샌드위치예요.
말이 필요 없이 부드러운 리코타치즈로 장식했어요.
상큼한 딸기에 쌉싸름한 맛의 루꼴라가 산뜻한 풍미를 높여 주네요.

필수 재료 바게트(6조각), 딸기(6개), 와일드 루꼴라(1줌), 리코타치즈(6)
TIP 와일드 루꼴라 대신 좀 더 부드럽고 고소한 베이비 루꼴라를 사용해도 좋아요.
양념 올리브유(2)

01 바게트는 마른 팬에 약한 불로 앞뒤로 노릇하게 굽고,

02 구운 바게트는 한 면에만 올리브유(1)를 바르고,

03 딸기는 꼭지를 뗀 뒤 4등분하고,

04 와일드 루꼴라는 깨끗하게 헹군 뒤 올리브유(1)에 버무리고,

05 올리브유를 바른 바게트 위에 리코타치즈(1)를 바르고,

06 와일드 루꼴라 → 딸기 순으로 올려 마무리.
TIP 발사믹 크림(약간)을 곁들여도 좋아요.

Caprese Sandwich

카프레제 샌드위치

간편하지만 고급스러운 샌드위치를 찾는다면 카프레제 샌드위치를 추천해요.
한입 베어 물면 입안 가득 퍼지는 바질의 싱그러운 풍미와
상큼한 토마토, 고소한 생모차렐라의 맛이 잘 어우러져요.
칼로리도 낮아 다이어트식으로도 좋아요.

필수 재료 올리브 치아바타(1개), 생모차렐라치즈(1개), 토마토(1개), 바질잎(5장)
양념 올리브유(2), 소금(약간), 통후추(약간)

01 ___ 치아바타는 반으로 가르고, 마른 팬에 안쪽 면만 구운 뒤 올리브유(1)를 고루 바르고,

02 ___ 생모차렐라치즈는 5mm 두께로 슬라이스하고,

03 ___ 토마토는 5mm 두께로 썬 뒤 키친타월로 물기를 제거하고,

04 ___ 빵 위에 생모차렐라치즈와 토마토를 겹쳐 얹고,

05 ___ 올리브유(1), 소금, 통후추를 갈아 뿌리고, 바질잎을 얹어 마무리.

Carrot Rappe Open Sandwich

당근라페 오픈 샌드위치

호밀 바게트는 밀로 만든 빵보다 당 수치는 적고 포만감은 풍성해요.
고소한 호밀 바게트 위에 상큼하고 달큰한 당근라페를 올리니 산뜻한 오픈 샌드위치가 되었어요.
식감과 맛을 한층 더 살려주는 양파와 쌉싸름한 케일은 필수랍니다.

필수 재료 호밀 바게트(1개), 당근(2개=400g), 양파(¼개), 케일(4장)
당근 양념 설탕(1)+레몬즙(3)+올리브유(4.5)+홀그레인 머스터드(1)+통후추 부순 것(약간)
양념 소금(0.3), 버터(3)

01 ___ 호밀 바게트는 1.8cm 두께로 어슷 썬 뒤 한쪽 면에 버터를 바르고,

02 ___ 당근은 중간 굵기로 채 썰고, 양파는 잘게 다지고, 케일은 사방 1cm 크기로 썰고,

03 ___ 채 썬 당근은 소금에 고루 버무려 10분간 절이고, **당근 양념**을 섞어 1~2일간 냉장실에 넣어 숙성하고,

TIP 중간중간 손으로 주무르듯 버무리면 더 빠르게 절일 수 있어요.

04 ___ 숙성한 당근라페는 건진 뒤 남은 국물(2)에 손질한 케일을 넣어 버무리고,

05 ___ 버터를 바른 바게트 위에 당근라페를 소복하게 얹고, 다진 양파와 케일을 얹어 마무리.

Three Colors Spread Bruschetta

for 2

3색 스프레드 브루스케타

올리브, 토마토, 바질 스프레드로 3색 브루스케타를 만들었어요.
프랑스 전통 조미료 올리브 타프나드의 짭짤하고 톡 쏘는 맛, 두루두루 활용도가 높은 말린 토마토 스프레드의 새콤함,
싱그러운 초록빛을 자랑하는 바질페스토의 향긋함이 조화를 이루는 오픈 샌드위치예요.
한입 크게 베어 물어 스프레드 3종의 풍미를 한 번에 즐기는 것도 매력적이랍니다

필수 재료 바게트(½개), 올리브 타프나드(3), 말린 토마토 스프레드(3), 바질페스토(3)
TIP 올리브 타프나드와 바질페스토 레시피는 12쪽, 말린 토마토 스프레드 레시피는 14쪽을 확인하세요.
선택 재료 파르메산치즈(약간)

01 ___ 바게트는 1cm 두께로 어슷 썰고, 마른 팬이나 토스터에 바삭하게 굽고,

02 ___ 바게트에 올리브 타프나드를 ⅓정도 바르고,

03 ___ 그 옆에 말린 토마토 스프레드를 ⅓정도 바르고,

04 ___ 남은 ⅓ 부분에 바질페스토를 바르고,

05 ___ 파르메산치즈를 뿌려 마무리.

Grilled Pineapple Sandwich

그릴드 파인애플 샌드위치

파인애플을 구워 파인애플 본연의 풍부한 맛을 한층 살렸어요.
고소함과 산뜻함을 동시에 맛볼 수 있는 요거네즈를 더해
상큼하고 부드러운 샌드위치를 즐겨보세요.

필수 재료 잉글리시 머핀(1개), 베이컨(2줄), 파인애플 링(2개), 차이브(약간)
소스 식용유(1), 요거네즈(4)
TIP 요거네즈는 마요네즈와 플레인 요거트를 1:1 비율로 섞은 뒤 아가베 시럽을 약간 추가하면 만들 수 있어요.

01 ___ 잉글리시 머핀은 반으로 갈라 마른 팬에 살짝 굽고,

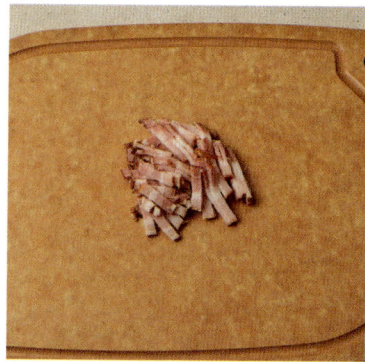

02 ___ 베이컨은 5mm 넓이로 채 썰고,

03 ___ 팬에 식용유(1)를 두른 뒤 파인애플 링을 앞뒤로 구워 꺼내고, 차이브는 송송 썰고,

04 ___ 팬에 베이컨을 넣어 노릇하게 볶은 뒤 키친타월로 눌러 기름을 빼고,

05 ___ 머핀에 구운 파인애플을 올리고, **요거네즈**를 얹은 뒤 베이컨과 차이브를 올려 마무리.

Tomato Egg Open Sandwich

토마토 달걀 오픈 샌드위치

상큼한 토마토소스 위로 부드럽게 흘러내린 달걀노른자와 톡 쏘는 차이브.
단순한 조합이지만 풍부한 맛과 풍미를 느낄 수 있답니다.
따뜻한 커피 한잔과 함께 간단한 아침 식사로 즐기기 좋아요.

필수 재료 잉글리시 머핀(1), 차이브(약간), 달걀(2개), 슈레드 모차렐라치즈(½컵)
소스 토마토소스(½컵)

01 ___ 잉글리시 머핀은 반으로 갈라 마른 팬에 살짝 굽고,

02 ___ 머핀 안쪽을 동그랗고 오목하게 뜯어내 공간을 마련하고,

03 ___ 차이브는 잘게 송송 썰고, 끓는 물(5컵)에 달걀을 넣어 4분간 삶아 반숙 달걀을 만들고,

04 ___ 머핀 안쪽 전체에 토마토소스를 듬뿍 바르고,

05 ___ 슈레드 모차렐라치즈를 뿌린 뒤, 오븐에 넣어 180℃에서 5분간 구워 꺼내고,

06 ___ 중앙에 반숙 달걀을 얹은 뒤 달걀을 살짝 가르고, 송송 썬 차이브를 뿌려 마무리.

Green Grape Bruschetta

청포도 브루스케타

사각사각 달콤하게 씹히는 청포도와 고소한 모차렐라치즈가 참 조화로워요.
홈파티의 애피타이저 메뉴로 화이트 와인과 함께 즐겨보세요.

필수 재료 바게트(½개), 청포도(20알), 생모차렐라치즈(1개=125g)
선택 재료 애플민트(약간)
양념 올리브유(3)

01___ 바게트는 어슷하게 썰고, 중간 불로 달군 마른 팬에 살짝 구워 꺼내고,

02___ 청포도는 4등분하고,
TIP 청포도 알의 크기가 작다면 2등분해요.

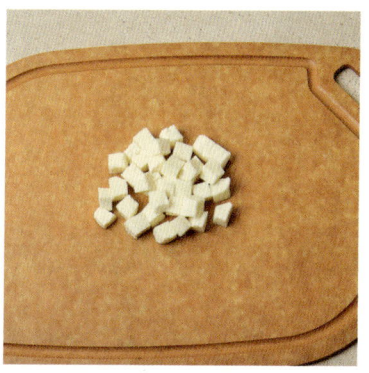

03___ 생모차렐라치즈는 1×1cm 크기로 사각 썰고,

04___ 바게트 위에 올리브유를 바르고,

05___ 청포도와 모차렐라치즈를 얹고, 애플민트로 장식해 마무리.

Guacamole Mango Sandwich

과카몰레 망고 샌드위치

고소한 과카몰레와 달콤한 망고를 가득 얹어
상큼하고 신선한 샌드위치를 만들었어요.
쫄깃하고 폭신한 식감의 포카치아와 잘 어울린답니다.

필수 재료 포카치아(½개), 망고(1개)
과카몰레 설탕(0.3)+소금(0.2)+레몬즙(1)+으깬 아보카도(2개)+작게 깍둑 썬 토마토(½개)+다진 양파(2)
  +다진 마늘(0.2)+다진 고수(2)
선택 재료 바질(약간)

01 ___ 포카치아는 반으로 가르고, 중간 불로 달군 마른 팬에 살짝 구워 꺼내고,

02 ___ 망고는 껍질을 벗긴 뒤 얇게 모양대로 썰고,

03 ___ 과카몰레 재료를 잘 섞어 과카몰레를 만들고,

04 ___ 포카치아 위에 과카몰레를 넉넉히 얹고,

05 ___ 손질한 망고와 바질을 얹고,

06 ___ 한입에 먹기 좋은 크기로 잘라 마무리.

for 2

올리브 오픈 샌드위치

남다른 풍미와 감칠맛을 느낄 수 있는 샌드위치예요.
올리브를 좋아하는 분들에게 꼭 추천하고 싶은 레시피랍니다.
치아바타 대신 크래커에 올려 와인 안주로 즐겨도 손색이 없어요.

필수 재료 호밀 바게트(½개), 말린 토마토(2쪽), 그린 올리브(6개), 블랙 올리브(6개), 자주 올리브(6개), 바질페스토(6)
TIP 그린 올리브, 자주 올리브는 마트 또는 온라인몰에서 구매할 수 있어요.
TIP 바질페스토 레시피는 12쪽을 확인하세요.
양념 올리브유(1)+이탈리안 파슬리(약간)+후춧가루(약간)

01___ 호밀 바게트는 1cm 폭으로 썰어 중간 불로 달군 마른 팬에 살짝 구워 꺼내고,

02___ 말린 토마토는 잘게 썰고,

03___ 올리브는 2등분해 물기를 제거하고,

04___ 손질한 올리브와 말린 토마토는 **양념**과 고루 섞고,

05___ 구운 바게트에 바질페스토를 바른 뒤 버무린 재료를 듬뿍 올려 마무리.
TIP 고소한 페타치즈나 생모차렐라치즈를 곁들여도 좋아요.

Part 2 보기 좋고 맛도 좋은 오픈 샌드위치　47

Grilled Paprika Bruschetta

구운 파프리카 부르스케타

이탈리아의 전채요리에 많이 사용되는 브루스케타는
간단한 재료로 쉽게 만들 수 있고 와인과 잘 어울려 홈파티에 딱 좋은 메뉴예요.
화려한 파프리카로 화사한 분위기를 만들어보세요.

필수 재료 바게트(½개), 파프리카(빨강, 주황, 노랑 각 1개), 보코치니치즈(6개), 토마토소스(½컵)
선택 재료 바질(약간)
양념 올리브유(2)+소금(0.2)+후춧가루(약간)

01 바게트는 1.5cm 두께로 어슷 썬 뒤, 달군 마른 팬에 살짝 굽고,

02 파프리카는 통으로 불 위에 올려 껍질이 까맣게 타도록 굽고, 물에 씻으며 껍질을 벗겨내고,

03 구운 파프리카는 굵게 채 썰고, 보코치니치즈는 4등분하고,

04 파프리카와 보코치니치즈를 **양념**과 함께 버무리고,

05 바게트 한쪽 면에 토마토소스를 바르고,

06 양념에 버무린 재료를 빵 위에 올리고, 바질로 장식해 마무리.

Cream Cheese Blueberry Open Sandwich

크림치즈 블루베리 오픈 샌드위치

상큼하게 톡톡 씹히는 블루베리와 고소하고 달콤한 메이플 월넛 크림치즈의
매력을 톡톡히 느낄 수 있는 오픈 샌드위치!
따뜻한 차나 라테 한잔과 함께할 때 맛의 진가를 발휘한답니다.

필수 재료 바게트(½개), 메이플 월넛 크림치즈(½컵), 블루베리(1컵=200g)
TIP 메이플 월넛 크림치즈 레시피는 13쪽을 확인하세요.
선택 재료 애플민트(약간)

01 ___ 바게트는 2cm 두께로 어슷 썰고,

02 ___ 약한 불로 달군 마른 팬에 바게트를 살짝 굽고,

03 ___ 바게트에 메이플 월넛 크림치즈를 넉넉히 바르고,

04 ___ 블루베리를 올리고, 애플민트 잎으로 장식해 마무리.

Smoked Salmon Tartine

훈제연어 타르틴

샐러드 토핑 단골 재료 훈제연어는 샌드위치 속 재료로 사용해도 참 좋아요.
양파와 홀스래디시로 느끼함을 잡고,
짭조름하게 씹히는 케이퍼를 더해 완벽한 맛의 조화를 이루네요.

필수 재료 캄파뉴 슬라이스(2쪽), 양파(⅛개), 케이퍼(1), 훈제연어 슬라이스(6쪽), 크림치즈(4), 홀스래디시소스(0.5)
선택 재료 크레송(약간)

01 약한 불로 달군 마른 팬에 캄파뉴 슬라이스를 앞뒤로 살짝 굽고,

02 양파는 0.5cm 크기로 사각 썰고, 케이퍼는 물기를 제거하고,

03 훈제연어는 2cm 폭으로 썰고,

04 빵에 크림치즈를 고루 바르고, 그 위에 홀스래디시소스를 얇게 펴 바르고,

05 연어, 양파, 케이퍼를 얹고, 크레송을 올려 마무리.

와사비 참치 샌드위치

날것으로 먹을 때 가장 맛있는 참치를 바게트 위에 듬뿍 올렸어요.
자칫 느끼할 수 있는 참치의 맛은
부드러운 와사비마요네즈와 상큼한 오이가 잡아줘요.
고급스러운 비주얼에 홈파티 음식으로 손색없네요.

필수 재료 바게트(1개), 냉동 참치(100g), 오이(½개), 적양파(⅙개), 쪽파(1대)
와사비마요네즈 마요네즈(4)+와사비(1)
양념 참기름(0.5), 간장(0.3), 통깨(0.3)

01 ___ 바게트는 1.5cm 두께로 어슷 썬 뒤 마른 팬에 앞뒤로 바삭하게 굽고,

02 ___ 냉동 참치는 잘게 썰고,

03 ___ 오이와 적양파는 0.5×0.5cm 크기로 썰고, 쪽파는 송송 썰고,

04 ___ 참치는 참기름과 간장에 버무리고, 적양파를 넣어 고루 섞고,

05 ___ 바게트 한쪽의 ½ 만큼 양념한 참치를 올리고, 나머지 ½에 오이를 올리고,

06 ___ 중앙에 **와사비마요네즈**를 얹고, 쪽파와 통깨를 뿌려 마무리.

Prawn Sandwich

새우 샌드위치

통통한 새우 살과 향긋한 셀러리를 마요네즈 양념에 버무렸어요.
부드러운 새우살과 아삭한 셀러리의 서로 다른 식감에
씹는 맛이 더욱 풍부해져요.

필수 재료 바게트(½개), 양파(¼개), 셀러리(1대), 새우 살(1컵), 레몬(½개)
선택 재료 딜(약간)
양념 마요네즈(3)+다진 마늘(0.3)+디종머스터드(0.5)

01___ 바게트는 1.5cm 폭으로 어슷 썰고, 마른 팬에 앞뒤로 바삭하게 굽고,

02___ 양파와 셀러리는 잘게 다진 뒤 각각 물기를 꼭 짜고,

03___ 새우 살은 굵게 썰고, 딜은 1cm 길이로 자르고,

04___ 레몬껍질을 깨끗이 씻은 뒤 껍질을 갈아 제스트(0.3)를 만들고, 과육으로 레몬즙(0.5)을 낸 뒤 **양념**과 섞고,

05___ 레몬즙을 섞은 양념에 새우 살, 셀러리, 양파를 넣어 버무리고,

06___ 바게트 위에 양념한 재료를 얹고, 딜을 올려 장식해 마무리.

핫콘 브루스케타

한입, 한입 다채로운 식감에 입이 즐거운 브루스케타예요.
고소한 마요네즈에 은은한 매콤함을 더해주는 칠리파우더가 포인트!

필수 재료 바게트(½개), 양파(⅙개), 빨강 파프리카(¼개), 생할라페뇨(4쪽), 스위트콘(1컵)
선택 재료 고수(약간)
양념 올리브유(2)
소스 설탕(0.3)+칠리파우더(약간)+라임즙(0.3)+마요네즈(3)+다진 마늘(0.5)

01 ___ 바게트는 1.5cm 두께로 어슷 썰고, 중간 불로 달군 마른 팬에 살짝 굽고,

02 ___ 양파, 파프리카, 생할라페뇨는 0.5×0.5cm 크기로 썰고, 고수는 2cm 길이로 자르고,

03 ___ 스위트콘은 체에 밭쳐 물기를 제거하고,

04 ___ 중간 불로 달군 팬에 올리브유(2)를 두른 뒤 스위트콘을 노릇하게 볶아 식히고,
TIP 볶으면 옥수수의 수분이 빠져 쫄깃한 식감이 살아나요.

05 ___ 손질한 양파, 할라페뇨, 파프리카, 볶은 스위트콘, **소스**를 고루 버무리고,

06 ___ 바게트 위에 양념한 재료를 올리고 고수를 얹어 마무리.

Tomato Cheese Open Ciabatta

토마토 치즈 오픈 치아바타

토마토의 새콤함과 달콤함이 잘 어우러진 깔끔한 샌드위치예요.
루꼴라와 발사믹소스의 톡 쏘는 풍미가 묘미랍니다.

필수 재료 토마토(½개), 토마토 페이스트(4), 치아바타(1개), 슈레드 모차렐라치즈(1컵)
선택 재료 와일드 루꼴라(약간), 발사믹소스(약간)
양념 올리브유(2), 다진 양파(1컵), 다진 마늘(0.3), 설탕(0.3), 소금(0.2), 후춧가루(약간), 말린 허브(약간)
TIP 말린 허브는 바질 또는 오레가노 등을 사용하세요.

01 와일드 루꼴라는 깨끗하게 씻고, 토마토는 모양대로 얇게 썰고,
TIP 와일드 루꼴라는 일반 루꼴라에 비해 크기가 작고 연해요.

02 중간 불로 달군 팬에 올리브유를 두르고, 다진 양파와 다진 마늘을 넣어 양파가 투명해질 때까지 볶고,

03 토마토 페이스트를 넣어 볶고, 물(1컵), 설탕, 소금, 후춧가루, 말린 허브를 넣어 고루 섞은 뒤 중간 불로 걸쭉하게 졸여 토마토소스를 만들고,
TIP 토마토소스를 떨어트렸을 때 뚝뚝 떨어질 정도가 적당한 농도예요.

04 치아바타는 반으로 가르고, 안쪽에 토마토소스를 넉넉히 바른 뒤 모차렐라치즈를 고루 얹고,

05 190℃로 예열한 오븐에 10~15분간 치즈가 노릇하게 익을 때까지 굽고,
TIP 같은 온도의 에어프라이어에서 5~7분간 익혀도 좋아요.

06 손질한 토마토와 와일드 루꼴라를 얹은 뒤 발사믹소스를 뿌려 마무리

Cucumber Radish Sandwich

오이 래디시 샌드위치

유럽에서 자주 먹는 '빨간 무' 래디시는 아삭아삭한 식감이 매력적인 채소예요.
오이와 래디시를 모양대로 얇게 썰어 나란히 겹치니
화려한 비주얼에 자꾸만 눈길이 가네요.
여유로운 주말 오후의 티 타임 메뉴에 잘 어울려요.

필수 재료 오이(½개), 래디시(4개), 식빵(2장), 큐컴버 크림치즈(4)
TIP 큐컴버 크림치즈 레시피는 12쪽을 확인하세요.
선택 재료 딜(약간)

01___ 오이와 래디시는 얇게 슬라이스 하고,

02___ 식빵에 큐컴버 크림치즈(4)를 고르게 펴 바르고,

03___ 오이와 래디시 슬라이스를 살짝 겹쳐서 번갈아 얹고,

04___ 식빵의 가장자리를 반듯하게 잘라내고, 딜을 뿌려 마무리.

PART
03

포만감
가득 채우는
볼륨
샌드위치

Ham Cheese Croissant Sandwich

햄 치즈 크루아상 샌드위치

크루아상 속에 재료를 든든하게 채워 한 끼 식사로 손색없어요.
재료 준비 또한 간단해서 바쁜 아침 시간에 손쉽게 만들 수 있답니다.

필수 재료 크루아상(큰 사이즈, 2개), 양파(¼개), 슬라이스 햄(6장), 달걀(4개), 슬라이스 체더치즈(2장)
양념 식용유(1), 소금(약간), 후춧가루(약간)

01 ___ 크루아상은 반으로 자르고,
TIP 완전히 반으로 자르지 않고 끝부분이 붙어 펼칠 수 있도록 살짝 남겨두세요.

02 ___ 양파는 곱게 채 썰고, 햄은 반으로 접어 준비하고,

03 ___ 센 불로 달군 팬에 식용유(1)를 두르고, 채 썬 양파가 갈색으로 변할 때까지 볶고,

04 ___ 달걀은 고루 푼 뒤 소금과 후춧가루로 간하고, 양파를 볶은 팬에 넣어 저으며 익혀 부드러운 스크램블드 에그를 만들고,

05 ___ 크루아상 속에 슬라이스 햄, 체더치즈, 스크램블드에그를 올려 마무리.

for 1

클럽 샌드위치

미국의 어느 도박 클럽에서 처음 만들어졌다고 알려진 클럽 샌드위치는 베이컨, 토마토, 양상추로 풍성함은 물론 영양까지 갖춘 샌드위치예요. 재료 사이에 빵을 한 장 더 넣으면 더욱 포만감 있게 즐길 수 있어요.

필수 재료 호밀식빵(4장), 양상추(2장), 토마토(4쪽), 스위트 오이피클(2개), 베이컨(4~6줄), 슬라이스 체더치즈(2장)
선택 재료 양파 슬라이스(2개), 슬라이스 햄(4장)
허니홀그레인머스터드소스 마요네즈(4)+홀그레인 머스터드(1.5)+꿀(1.5)

01 약한 불로 달군 마른 팬에 식빵의 겉면이 노릇해질 때까지 굽고,
TIP 토스터를 사용해도 좋아요.

02 양상추는 한입 크기로 찢고, 토마토는 모양대로 썬 뒤 키친타월에 받쳐 물기를 빼고, 피클은 세로로 얇게 썰고,

03 중간 불로 달군 팬에 베이컨을 넣어 앞뒤가 노릇해질 때까지 굽고,

04 허니홀그레인머스터드소스를 만들고,

05 식빵의 한쪽 면에 각각 허니홀그레인머스터드소스를 바르고,

06 체더치즈 → 베이컨 → 양파 → 피클 → 양상추 → 햄 순으로 올리고, 남은 빵으로 덮어 마무리.

Part 3 포만감 가득 채우는 볼륨 샌드위치

BLT Egg Sandwich

BLT 달걀 샌드위치

베이컨(Bacon), 양상추(Lettuce), 토마토(Tomato)로 이미 완벽한 BLT 샌드위치에
달걀 프라이를 올려 고소함과 부드러움을 더했어요.
싱싱한 채소들과 꽉 찬 재료가 든든한 한 끼를 완성한답니다.

필수 재료 호밀빵(1개), 베이컨(4줄), 달걀(1개), 양상추(1줌=20g), 토마토 슬라이스(2개)
양념 마요네즈(1), 통후추(약간)

01 ___ 호밀빵은 1.5cm로 두께로 썰고, 중간 불로 달군 마른 팬에 앞뒤로 노릇하게 굽고,

02 ___ 중간 불로 달군 팬에 베이컨을 앞뒤로 노릇하게 구워 키친타월에 올려 기름을 제거하고,

03 ___ 중간 불로 달군 팬에 달걀을 넣어 달걀 프라이를 만들고,
TIP 달걀은 한 면만 익혀요.

04 ___ 구운 빵의 한쪽 면에 마요네즈(1)를 골고루 바르고,

05 ___ 양상추 → 토마토 슬라이스 → 베이컨 → 달걀 프라이 순으로 올리고,

06 ___ 달걀 위에 통후추를 갈아 올리고, 남은 빵을 덮어 마무리.
TIP 후추 그라인더를 사용해 통후추를 갈아줘요.

Crab Meat Greek Yogurt Sandwich

게살 그릭요거트 샌드위치

요즘 대세인 그릭요거트에 크래미를 넣어 든든함을 더했어요.
건강하고 푸짐한 재료가 듬뿍 들어가
이전까지 느끼지 못한 새로운 맛이랍니다.

필수 재료 베이글(1개), 크래미(2개), 그릭요거트(½컵), 달걀(2개), 로메인(4~5장), 토마토(1개)
달걀 양념 설탕(약간)+소금(약간)+후춧가루(약간)
양념 식용유(2), 홀그레인 머스터드(2)

01 ___ 베이글은 반으로 가르고, 중간 불로 달군 팬에 안쪽 면만 노릇하게 구워 꺼내고,

02 ___ 크래미를 잘게 찢어 그릭요거트와 고루 섞고,

03 ___ 달걀에 **달걀 양념**을 넣고 고루 섞어 중간 불로 달군 팬에 식용유(2)를 두른 뒤 달걀물을 부어 젓가락으로 저으며 익히다 달걀물이 몽글해지기 시작하면 원형으로 모양을 잡고,
TIP 달걀물은 80% 정도만 익혀요.

04 ___ 로메인은 반으로 가르고, 토마토는 5mm 두께로 썬 뒤 키친타월로 물기를 제거하고,

05 ___ 베이글 안쪽에 홀그레인 머스터드를 바르고, 로메인 → 크래미 → 토마토 → 달걀 순으로 얹고,

06 ___ 남은 베이글을 덮어 마무리.
TIP 유산지에 눌러가며 여며 싼 뒤 반으로 갈라도 좋아요.

Ham Cheese Baguette Sandwich

햄 치즈 바게트 샌드위치

유럽을 연상시키는 비주얼이 참 멋스러워요.
햄과 치즈의 짭짤한 조합에 자꾸자꾸 빠지게 되는 마성의 샌드위치랍니다.

필수 재료 바게트(약 20cm), 그라나파다노 블록치즈(40g), 슬라이스 햄(5~6장), 와일드 루꼴라(약간)
TIP 그라나파다노 블록치즈 대신 파르미지아노치즈를 사용해도 좋아요.
스프레드 다진 양파(2)+마요네즈(3)

01 ___ 다진 양파의 물기를 꼭 짜고, 마요네즈(3)와 고루 섞어 **스프레드**를 만들고,

02 ___ 바게트의 한쪽 끝이 붙어 있도록 반으로 가르고, 안쪽에 스프레드를 고루 펴 바르고,

03 ___ 그라나파다노 블록치즈를 얇게 썰고,

04 ___ 바게트 위에 슬라이스 햄 → 그라나파다노 블록치즈 → 와일드 루꼴라 순으로 올리고,
TIP 슬라이스 햄의 크기가 클 땐 접어서 올려요.

05 ___ 바게트를 오므린 뒤 중앙을 유산지로 감싸고, 끈으로 묶어 마무리.

for 1

비프스테이크 샌드위치

보기만 해도 맛있는 조합의 비프스테이크 샌드위치예요.
치아바타처럼 담백한 맛의 빵을 사용해야
고기의 풍부한 육즙과 상큼한 채소의 맛을 더 조화롭게 느낄 수 있답니다.

필수 재료 치아바타(1개), 양상추(2~3장), 토마토(½개), 양파(⅓개), 소고기(구이용 등심 150g)
TIP 양상추 대신 로메인을 사용해도 좋아요.
TIP 소고기는 등심 대신 부채살 등 1cm 두께의 구이용으로 준비하세요.
소스 마요네즈(4)+타바스코소스(0.5)+우스터소스(0.1)+다진 피클(1)+다진 양파(3)+마늘(1쪽)
TIP 생마늘을 바로 으깨 사용하면 풍미가 살아요.
양념 식용유(3), 소금(약간), 후춧가루(약간)

01 치아바타는 반으로 가른 뒤 중간 불로 달군 마른 팬에 빵 안쪽을 굽고,

02 양상추는 1cm 폭으로 굵게 채 썰고, 토마토와 양파는 모양대로 썰고,

03 중간 불로 달군 팬에 식용유(3)를 두르고, 소고기를 올린 뒤 소금과 후춧가루로 간해 앞뒤로 7분간 구워 꺼내고,
TIP 기호에 맞게 굽기 정도를 선택하세요.

04 소스를 만들어 치아바타 안쪽에 넉넉히 바르고,

05 양상추 → 토마토 → 스테이크 → 양파 순으로 올리고 남은 치아바타를 덮어 마무리.
TIP 나무 꼬치로 꽂아 고정해도 좋아요.

Part 3 포만감 가득 채우는 볼륨 샌드위치

필리치즈 샌드위치

필라델피아를 대표하는 필리치즈 샌드위치!
소고기는 얇을수록, 콜비치즈는 한가득 뿌릴수록 맛있어요.
부드럽게 녹아내린 치즈는 소고기, 채소와 함께 빵 사이에 듬뿍 넣어 드세요.
시원한 맥주가 절로 생각나는 맛이랍니다.

필수 재료 핫도그빵(2개), 양파(½개), 불고기용 소고기(3mm 두께, 200g), 콜비치즈(1컵), 오이피클(2개)
TIP 콜비치즈는 갈린 것으로 사용해요.
선택 재료 파프리카(빨강, 노랑 각 ¼개)
양념 식용유(4), 소금(0.6), 후춧가루(약간)

01 핫도그빵은 깊게 칼집을 넣고, 중간 불로 달군 마른 팬에 앞뒤로 굽고,
TIP 빵이 분리되지 않도록 끝이 조금 붙을 정도로 잘라주세요.

02 파프리카와 양파는 채 썰고, 센 불로 달군 팬에 식용유(2)를 둘러 채소를 볶고, 소금(0.3)과 후춧가루로 간해 꺼내고,
TIP 채소는 80% 정도만 익혀요.

03 센 불로 달군 팬에 식용유(2)를 두르고, 소고기를 넣어 볶은 뒤 소금(0.3), 후춧가루로 간하고,

04 볶은 소고기에 볶은 채소를 넣어 섞어가며 볶고,

05 콜비치즈를 뿌린 뒤 녹을 때까지 익히고,
TIP 불을 줄인 뒤 뚜껑을 닫아 익히면 재료가 타지 않게 치즈를 녹일 수 있어요.

06 핫도그빵 사이에 볶은 재료를 넉넉히 넣고, 오이피클을 곁들여 마무리.

게맛살샐러드 모닝롤

씹는 맛과 감칠맛이 좋은 게맛살로 만든 모닝롤이에요.
크래미와 가장 잘 어울리는 마요네즈를 더해
고소함을 배로 추가했어요.
아삭한 채소는 듬뿍 올려야 더 맛있어요.

필수 재료 크래미(4개), 양파(⅛개), 오이(¼개), 모닝롤(2), 치커리(2장)
양념 소금(0.2), 마요네즈(3), 버터(1)

01 ___ 크래미는 눌러 으깬 뒤 결대로 찢고,

02 ___ 양파는 곱게 다져 물기를 꼭 짜고,

03 ___ 오이는 얇게 썬 뒤 소금(0.2)에 버무리고, 10분간 절인 뒤 물기를 꼭 짜고,

04 ___ 크래미, 양파, 오이는 마요네즈와 고루 섞어 게맛살샐러드를 만들고,

05 ___ 모닝롤은 깊게 칼집을 넣은 뒤 버터를 바르고,

06 ___ 모닝롤 사이에 치커리를 깔고 게맛살샐러드를 올려 마무리.

Tuna Kale Sandwich

튜나 케일 샌드위치

일반적인 참치마요의 맛을 생각했다면 No!
토마토, 케일, 허니머스터드 3가지의 포인트를 더해 한층 더 맛있는 샌드위치를 만들었답니다.
고소함과 상큼함이 적절하게 어우러져 계속 먹게 되는 마성의 조합이에요.

필수 재료 양파(¼개), 오이피클(1개), 케일(5장), 토마토(½개), 통조림 참치(1개), 식빵(2쪽)
허니머스터드소스 마요네즈(2)+머스터드(0.5)+꿀(0.3)
양념 마요네즈(3), 후춧가루(약간)

01 양파와 피클은 잘게 다져 물기를 꼭 짜고,

02 케일은 잘게 사각 썰고, 토마토는 얇게 썰고,

03 통조림 참치는 체에 밭쳐 물기를 제거하고,

04 참치, 양파, 피클은 마요네즈, 후춧가루와 고루 섞고, 케일을 넣어 섞고,

05 식빵 한쪽 면에 **허니머스터드소스**를 펴 바르고

05 튜나케일샐러드를 듬뿍 얹고, 토마토 슬라이스를 얹은 뒤 빵을 덮어 마무리.

Potato Salad Sandwich

감자샐러드 샌드위치

어릴 적 '사라다 빵'이라고 불렸던 그 추억의 맛의 정체는 바로
감자샐러드 샌드위치예요.
랩으로 꽁꽁 싼 뒤 냉장고에 넣어 두었다가 드세요!
부드러운 빵 사이에 샐러드가 촉촉하게 스며들어 더욱 맛있답니다.

필수 재료 감자(2개=200g), 삶은 달걀(1개), 오이(¼개), 양파(¼개), 사과(¼개), 당근(⅛개), 슬라이스 햄(2장), 식빵(2장)
감자샐러드 양념 마요네즈(5)+머스터드(1)+소금(0.2)+설탕(0.3)+백후춧가루(약간)
양념 소금(0.3)

01 감자는 반으로 자르고, 냄비에 물(1컵), 소금(0.1), 감자를 넣어 중간 불에서 삶고,
TIP 크기에 따라 삶는 시간이 다르므로 중간중간 젓가락으로 찔러 쑥 들어갈 때까지 삶아요.

02 뜨거울 때 감자를 부드럽게 으깨고, 삶은 달걀을 넣어 함께 으깨고,

03 오이는 얇게 썰고, 양파는 채 썬 뒤 오이와 양파 소금(0.2)을 넣어 버무린 뒤 20분 후 물기를 꼭 짜고,

04 사과와 당근은 잘게 다지고, 슬라이스 햄은 짧게 채 썰고,

05 손질한 재료와 **감자샐러드 양념**을 고루 섞고,

06 식빵 위에 감자샐러드를 넉넉하게 올리고, 다른 빵으로 덮은 뒤 가장자리를 잘라 마무리.
TIP 랩을 씌운 채 자르면 내용물이 나오지 않아 깔끔해요.

Teriyaki Chicken Sandwich

for 1

데리야키치킨 샌드위치

맛은 물론 닭고기의 잡내까지 생각해 만든
정미경 선생님만의 비법 데리야키소스로
치킨 샌드위치를 만들었어요.
아삭하고 신선한 채소를 한가득 넣을수록 짭조름한 치킨과 잘 어울린답니다.

필수 재료 치아바타(1개), 오이피클(1개), 양상추(2장), 토마토(¼개), 양파(¼개), 훈제 닭가슴살(1개)
양념 식용유(1)
데리야키소스 간장(2)+설탕(1)+맛술(2)+생강즙(0.5)+후춧가루(약간)
소스 마요네즈(2), 머스터드(0.5)

01 ___ 치아바타는 반으로 가르고, 안쪽 면을 마른 팬에 살짝 굽고,

02 ___ 오이피클은 길게 썰고, 양상추는 적당히 찢고, 토마토와 양파는 모양대로 얇게 썰고,

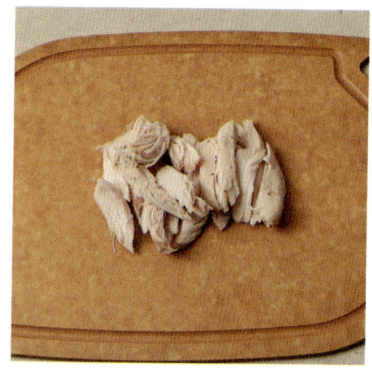

03 ___ 훈제 닭가슴살은 적당한 크기로 찢고,

04 ___ 팬에 식용유(1)를 두르고 닭고기를 앞뒤로 노릇하게 굽고, **데리야키소스**를 넣어 물기가 없을 때까지 조리고,

05 ___ 치아바타에 **소스**를 바르고,

06 ___ 양상추 → 토마토 → 피클 → 양파 → 닭고기 순으로 올리고, 빵을 덮어 마무리.

Part 3 포만감 가득 채우는 볼륨 샌드위치　87

Smoked Salmon Bagel

훈제연어 베이글

묵직한 훈연향으로 모든 이의 마음을 사로잡는 훈제연어를 활용한 베이글 샌드위치예요.
담백한 베이글과 고소한 크림치즈의 궁합은 잘 알고 계시죠?
알싸한 루꼴라와 케이퍼가 연어의 느끼함을 확 잡아줍니다.

필수 재료 사과(¼개), 적양파(¼개), 베이글(1개), 훈제연어 슬라이스(4~5쪽)
선택 재료 프리세(약간), 루꼴라(약간), 케이퍼(0.2)
TIP 프리세 대신 어린잎채소를 활용해도 좋아요.
크림치즈 스프레드 크림치즈(4)+레몬즙(0.2)+홀스래디시(0.2)+생크림(3)

01 ___ 사과는 껍질째 반달 모양으로 얇게 썰고, 적양파는 곱게 채 썰고, 프리세는 한입 크기로 썰고,

02 ___ **크림치즈 스프레드**를 만들고,

03 ___ 베이글은 반으로 가르고, 안쪽 면에 크림치즈 스프레드를 바르고,

04 ___ 베이글 위에 프리세와 루꼴라 → 사과 → 적양파 → 훈제연어 순으로 얹고,

05 ___ 케이퍼를 고르게 뿌리고, 남은 베이글로 덮어 마무리.

Homemade Chilli Sauce Hot Dogs

홈메이드 칠리소스 핫도그

청양고추의 매운맛을 추가해 한국인의 입맛에 맞춘 홈메이드 칠리와 육즙 가득 소시지의 만남!
맛이 없을 수 없는 조화죠? 취향에 따라 다양한 치즈를 올려도 좋아요.

필수 재료 핫도그빵(2개), 존슨빌 소시지(2개)
칠리소스 청양고추(4개), 다진 양파(1컵), 다진 마늘(0.3), 칠리파우더(1), 토마토 페이스트(4), 월계수잎(1장), 소금(0.3), 설탕(0.3), 후춧가루(약간), 베이크드빈(½컵=80g)
TIP 베이크드빈 대신 통조림 레드 키드니빈을 사용해도 좋아요.
양념 올리브유(2)

01 핫도그빵은 반으로 가르고, 중간 불로 달군 마른 팬에 빵 안쪽 면을 올려 30~40초간 굽고,

02 청양고추는 씨를 제거한 뒤 잘게 다지고,

03 중간 불로 달군 팬에 올리브유(2)를 두르고, 다진 양파와 다진 마늘을 넣어 양파가 투명해질 때까지 볶고,

04 다진 청양고추와 칠리파우더를 넣어 섞고, 토마토 페이스트를 넣어 끓을 때까지 볶고,

05 물(1컵), 월계수잎, 소금, 설탕, 후춧가루를 넣어 조리다 베이크드빈을 넣어 고루 섞어 **칠리소스**를 만들고,
TIP 소스를 떨어트렸을 때 뚝뚝 떨어지는 정도가 적당한 농도예요.

06 소시지는 끓는 물(2컵)에 넣어 30초간 데쳐 건지고, 핫도그빵 사이에 넣은 뒤 칠리소스를 넉넉히 얹어 마무리.

for 1

칠리마요 달걀 샌드위치

바삭하게 구운 호밀빵 안에 칠리마요소스를 듬뿍 넣어 만들었어요.
잘게 다져 넣은 양파가 상큼하게 씹히고
고소한 달걀과 매콤한 스리라차소스가 완벽하게 어울리네요.

필수 재료 호밀빵(2장), 삶은 달걀(2개), 양파(⅛개), 쪽파(1대)
칠리마요소스 마요네즈(3)+스리라차소스(1)+소금(0.2)+레몬즙(0.3)+통후추 간 것(약간)

01 호밀빵은 마른 팬에 앞뒤로 살짝 구워 수분을 없애고,

02 삶은 달걀과 양파는 다지고, 쪽파는 송송 썰고,
TIP 양파는 키친타월로 물기를 제거한 뒤 사용해야 소스가 묽어지지 않아요.

03 손질한 달걀과 양파, 쪽파는 **칠리마요소스**와 섞고,

04 구운 호밀빵(1장) 위에 **칠리마요소스**를 넉넉하게 올리고, 다른 호밀빵으로 덮어 마무리.

TIP

칠리마요소스를 다양하게 활용하는 방법

칠리마요소스는 빵에 넣어 샌드위치로 즐겨도 좋지만 카나페, 샐러드 토핑, 나초칩 디핑소스 등 브런치 메뉴부터 간단한 술안주까지 만능으로 활용할 수 있어요. 한 통 가득 만들어두고 취향에 따라 다양한 음식에 곁들여보세요.

Part 3 포만감 가득 채우는 볼륨 샌드위치

달걀 샌드위치

부드러운 달걀 샐러드를 샌드위치 안에 가득 넣어 즐겨보세요.
고소한 달걀과 마요네즈에 중간에 톡톡 터지는
오이피클과 양파의 맛이 잘 어울린답니다.

필수 재료 크루아상(1개), 삶은 달걀(2개), 양파(⅙개), 오이피클(4쪽), 치커리(2~3장)
스프레드 마요네즈(3)+머스터드(0.3)+소금(0.2)+레몬즙(0.3)+후춧가루(약간)

01 ___ 크루아상은 반으로 가르고, 중간 불로 달군 마른 팬에 안쪽을 노릇하게 구운 뒤 한 김 식히고,

03 ___ 삶은 달걀은 굵게 다지고,

03 ___ 양파와 오이피클은 잘게 다져 키친타월로 물기를 제거하고,

04 ___ 스프레드를 만들고,

05 ___ 스프레드와 다진 달걀, 양파, 피클을 고루 섞어 달걀 샐러드를 만들고,

06 ___ 크루아상 안쪽에 치커리를 깔고, 달걀 샐러드를 넉넉히 얹어 마무리.

PART 04

한 손에 들고 가볍게 즐기는 샌드위치

Grilled Mushroom Camembert Cheese

구운 버섯 카망베르치즈 파니니

담백하고 건강한 샌드위치가 생각날 때 추천하고 싶은 메뉴예요.
고기 대신 버섯과 카망베르치즈를 추가했더니 감칠맛과 쫄깃한 식감에 반한답니다.

필수 재료 양파(¼개), 맛타리버섯(50g), 카망베르치즈(50g), 치아바타(1개), 슈레드 모차렐라치즈(50g), 루꼴라(1줌)
양념 마요네즈(2), 발사믹 크림소스(약간)
TIP 약간 점성이 있는 발사믹 크림소스 대신 팬에 발사믹식초(6)를 넣고 약한 불로 졸여 사용해도 좋아요.

01 양파는 얇게 채 썰고, 맛타리버섯은 낱낱이 가르고, 카망베르치즈는 얇게 썰고,

02 센 불로 달군 그릴팬에 채 썬 양파와 맛타리버섯을 넣어 그릴 자국이 나도록 구운 뒤 한 김 식히고,

03 치아바타는 반으로 가르고, 안쪽에 마요네즈(2)를 얇게 펴 바르고,

04 마요네즈를 바른 치아바타 위에 카망베르치즈와 모차렐라치즈를 넉넉히 얹고, 구운 버섯과 양파를 올린 뒤 다른 빵으로 덮고,

05 중간 불로 달군 그릴팬에 샌드위치를 통째로 올려 앞뒤로 그릴 자국이 나도록 구워 꺼내고,

06 치아바타 윗부분의 빵을 들어 발사믹 크림소스를 뿌리고, 루꼴라를 얹은 뒤 다시 덮어 반으로 어슷 썰어 마무리.
TIP 루꼴라가 익지 않게 마지막에 얹어주세요.

Grilled Eggplant Sandwich

구운 가지 샌드위치

쫄깃한 빵 사이에서 씹히는 가지의 식감이 참 매력적인 샌드위치예요.
산뜻한 토마토소스와 치즈, 향긋한 바질은 말하지 않아도 환상 조합이죠.
가지를 안 좋아하는 분들도 맛있게 먹을 수 있는 그릴 샌드위치랍니다.

필수 재료 올리브 치아바타(1개), 가지(1개), 슈레드 모차렐라치즈(1줌), 바질잎(3~4잎)
토마토소스 올리브유(3), 다진 양파(½컵), 다진 마늘(1), 토마토 페이스트(3), 토마토 퓌레(1컵), 오레가노가루(약간), 설탕(0.3), 소금(0.4), 후춧가루(약간)

01 올리브 치아바타는 반으로 가르고, 가지는 반으로 잘라 1cm 두께로 길게 썰고,

02 중간 불로 달군 마른 팬에 손질한 가지를 앞뒤로 노릇하게 구워 꺼내고,

03 중간 불로 달군 팬에 올리브유를 두른 뒤 다진 양파와 다진 마늘을 넣어 볶고,
TIP 올리브유에 향이 밸 수 있도록 다진 양파와 다진 마늘을 먼저 볶아요.

04 토마토 페이스트를 넣어 볶고, 토마토 퓌레를 넣어 고루 섞은 뒤 나머지 **토마토소스** 재료를 넣어 뭉근해질 때까지 졸여 토마토소스를 만들고,
TIP 토마토 페이스트는 신맛이 강하므로 토마토 퓌레를 넣기 전에 먼저 볶아 신맛을 날려요.

05 올리브 치아바타 한쪽 위에 토마토소스 → 구운 가지 → 슈레드 모차렐라치즈 → 바질 순으로 올리고, 남은 올리브 치아바타로 덮고,

06 중간 불로 달군 팬에 샌드위치를 얹어 치즈가 녹을 때까지 구워 마무리.

Sunny-side Up Egg Sandwich

써니사이드업 에그 샌드위치

달걀을 뒤집지 않고 한쪽 면만 살짝 익혀
달걀노른자를 그대로 살려내 떠오르는 해가 생각나게 하는 써니싸이드업 에그!
식감을 더해주는 아스파라거스와 짭조름한 베이컨,
입안 가득 차오르는 달걀노른자의 고소함까지!
한입만으로도 행복함이 느껴지네요.

필수 재료 잉글리시 머핀(1개), 아스파라거스(4개), 달걀(2개), 베이컨(4줄)
양념 식용유(3), 소금(0.5), 후춧가루(약간), 버터(1), 굵게 간 통후추(약간)

01 잉글리시 머핀은 반으로 가르고, 아스파라거스는 굵은 줄기의 겉껍질을 필러로 제거하고,

TIP 아스파라거스의 굵은 줄기는 식감이 질기므로 껍질을 제거한 뒤 사용해요.

02 중간 불로 달군 팬에 잉글리시 머핀을 노릇하게 구워 꺼내고,

03 같은 팬에 식용유(2)를 두른 뒤 써니사이드업으로 달걀프라이를 만들어 꺼내고,

04 같은 팬에 식용유(1)를 두르고, 아스파라거스를 넣어 노릇하게 볶다가 소금(0.3), 후춧가루로 간하고,

TIP 굵은 아스파라거스는 심지까지 잘 익도록 조금 더 노릇하게 구워요.

05 같은 팬에 베이컨을 넣어 노릇하게 굽고, 키친타월로 눌러 기름을 제거하고,

06 구운 잉글리시 머핀 위에 버터를 고루 바르고, 구운 아스파라거스, 베이컨, 달걀프라이를 얹은 뒤 굵게 간 통후추와 소금(0.2)을 뿌려 마무리.

시저샐러드 샌드위치

샐러드의 대명사 시저샐러드로 샌드위치를 만들었어요.
흔하게 사용하는 로메인 대신 버터헤드레터스를 사용해보세요.
부드럽고 아삭한 식감과 달콤한 맛이 다른 재료들과 조화롭게 어울린답니다.

필수 재료 캄파뉴(2쪽), 삶은 달걀(반숙 1개), 베이컨(4줄), 버터헤드레터스(4장), 파르메산치즈(약간)
TIP 파르메산치즈는 슬라이스나 곱게 갈린 것으로 준비해요.
시저드레싱 파르메산치즈가루(0.3)+레몬즙(0.3)+마요네즈(100ml)+다진 마늘(0.3)+다진 앤초비(0.3)+다진 케이퍼(0.1)

01 약한 불로 달군 마른 팬에 빵을 앞뒤로 노릇하게 굽고,

02 시저드레싱을 만들고,

03 삶은 달걀은 2등분하고,
TIP 1cm 두께로 잘라도 좋아요.

04 중간 불로 달군 마른 팬에 베이컨을 넣어 앞뒤로 노릇하게 굽고, 키친타월로 눌러 기름기를 빼고,

05 구운 빵의 한 면에 시저드레싱을 넉넉히 바르고,

06 버터헤드레터스 → 구운 베이컨 → 삶은 달걀 → 파르메산치즈 순으로 쌓은 뒤 다른 빵으로 덮어 마무리.

for 1

구운 파프리카 샌드위치

파프리카를 불에 구우면 더 달고 맛있어진다는 사실, 알고 계셨나요?
담백하고 고소한 포카치아에 바질페스토, 구운 파프리카까지
맛있고 든든한 한 끼를 챙겨보세요.

필수 재료 빨강 파프리카(1개), 루꼴라(1줌), 생모차렐라치즈(1개), 포카치아(1개), 바질페스토(4)
TIP 바질페스토 레시피는 12쪽을 확인하세요.

01 ___ 파프리카는 석쇠 위에 올려 구운 뒤 흐르는 물에 씻어 껍질을 벗기고, 한입 크기로 자르고,

02 ___ 루꼴라는 먹기 좋은 4~5cm 길이로 썰고,

03 ___ 생모차렐라치즈는 적당한 두께로 썰고,

04 ___ 포카치아는 반으로 가른 뒤 안쪽에 바질페스토를 펴 바르고,

05 ___ 루꼴라, 생모차렐라치즈, 구운 파프리카를 순서대로 얹고, 빵을 덮어 마무리.

구운 버섯 시금치 샌드위치

버섯의 쫄깃한 식감과 살짝 익혀 아삭한 시금치 덕에
맛은 물론 식감이 즐거운 샌드위치예요.
버섯은 최대한 노릇하게 구워야 더욱 먹음직스럽답니다.

필수 재료 올리브 치아바타(1개), 애느타리버섯(100g), 시금치(1줌=50g), 파르미지아노 레지아노치즈(30g)
양념 올리브유(2), 토마토소스(3), 소금(약간), 후춧가루(약간)
TIP 토마토소스 레시피는 15쪽을 확인하세요. 시판 소스를 사용해도 좋아요.

01 ___ 치아바타는 반으로 가르고, 마른 팬에 안쪽 면을 살짝 굽고,

02 ___ 애느타리버섯은 밑동을 잘라낸 뒤 낱낱이 가르고, 시금치는 5~6cm 길이로 썰고,

03 ___ 센 불로 달군 팬에 올리브유(1)를 두른 뒤 시금치를 살짝 볶아 꺼내고,

04 ___ 같은 팬에 다시 올리브유(1)를 두르고, 애느타리버섯을 넣어 노릇해질 때까지 볶고,

05 ___ 치아바타 위에 토마토소스를 바르고, 시금치와 애느타리버섯을 올리고 소금과 후춧가루를 살짝 뿌리고,

06 ___ 파르미지아노 레지아노치즈를 갈아 넉넉히 얹고, 빵을 덮어 마무리.

3가지 치즈 파니니

달콤하고 톡 쏘는 매력의 고르곤졸라치즈, 깊고 부드러운 맛의 브리치즈,
쭉 늘어나는 쫄깃함을 가진 슈레드 모차렐라치즈.
3가지 각양각색 매력의 치즈를 넣어 노릇하게 구운 파니니예요.
고소 짭짤한 치즈 속에서 새콤한 토마토소스가 제대로 감칠맛을 더해주네요.
꿀은 필수로 곁들여야 맛있어요.

필수 재료 올리브 치아바타(1개), 고르곤졸라치즈(20g), 브리치즈(20g), 슈레드 모차렐라치즈(30g)
양념 토마토소스(4), 꿀(2)
TIP 토마토소스 레시피는 15쪽을 확인하세요. 시판 소스를 사용해도 좋아요.

01 ___ 치아바타는 반으로 가르고, 마른 팬에 겉면이 건조한 느낌이 날 정도로 굽고,

02 ___ 고르곤졸라치즈와 브리치즈는 잘게 썰고,

03 ___ 구운 빵 안쪽에 토마토소스를 고루 펴 바르고,

04 ___ 한쪽 치아바타 위에 슈레드 모차렐라치즈를 고루 뿌리고, 군데군데 고르곤졸라치즈와 브리치즈를 섞어 얹고,

05 ___ 다른 치아바타를 덮은 뒤 달군 파니니 팬에 넣어 치즈가 녹을 때까지 굽고,

06 ___ 꿀을 곁들여 마무리.

Egg Avocado Sandwich

달걀 아보카도 샌드위치

달걀과 아보카도의 고소한 조화는 말해봤자 입만 아프죠?
빵에 한가득 얹어 치즈까지 솔솔 뿌려 먹으니 고급스러운 맛에 깜짝 놀란답니다.

필수 재료 둥근 호밀빵(2쪽), 삶은 달걀(2개), 아보카도(½개), 슈레드 모차렐라치즈(⅓컵)
TIP 호밀빵은 적당한 두께로 썰어주세요. 사각식빵으로 대체 가능해요.
TIP 슈레드 모차렐라치즈는 샐러드용으로 준비해요.
양념 마요네즈(2), 버터(1), 후춧가루(약간)

01 중간 불로 달군 마른 팬에 호밀빵의 한쪽 면을 살짝 굽고,

02 삶은 달걀과 아보카도는 각각 1×1cm 두께로 깍둑 썰고,

03 볼에 손질한 달걀, 아보카도, 마요네즈를 넣어 고루 섞고,

04 빵의 구운 면에 버터를 바르고,

05 버무린 재료를 얹은 뒤 슈레드 모차렐라치즈와 후춧가루를 뿌려 마무리.

Bacon Onion Sandwich

베이컨 양파 샌드위치

바쁜 아침에도 간단하고 든든하게 즐길 수 있는 샌드위치예요.
베이컨과 치즈의 짭짤한 맛을 노릇하게 볶은 양파의 단맛이
부드럽게 잡아줘요.

필수 재료 잉글리시 머핀(1개), 양파(½개), 베이컨(4줄), 체더치즈(2장)
양념 식용유(1), 소금(약간), 후춧가루(약간), 마요네즈(2)

01 ___ 잉글리시 머핀은 반으로 가르고, 마른 팬에 살짝 굽고,

02 ___ 양파는 채 썰고, 베이컨은 반으로 자르고,

03 ___ 팬에 식용유를 두르고, 센 불에서 양파를 겉이 노릇하게 볶고, 소금과 후춧가루로 간한 뒤 꺼내고,

04 ___ 마른 팬에 베이컨을 넣어 굽고, 키친타월에 눌러 기름기를 빼고,

05 ___ 머핀에 마요네즈를 바르고, 체더치즈, 볶은 양파, 베이컨을 얹고, 빵을 덮어 마무리.

Fried Green Onion Cheese Muffin

볶은 대파 치즈 머핀

치즈와 햄 사이에 노릇하게 볶은 대파만 추가했을 뿐인데
이렇게 맛있을 수 있나요?
향긋한 대파 향 때문에 먹기 전부터 침이 고인답니다.

필수 재료 잉글리시 머핀(2개), 대파(½대), 크림치즈(4), 체더치즈(2장), 슬라이스 햄(4장)
양념 식용유(0.5)

01___ 잉글리시 머핀은 반으로 가르고, 마른 팬에 살짝 굽고,

02___ 대파는 굵게 다지고, 센 불로 달군 팬에 식용유를 두른 뒤 대파를 같이 노릇하게 볶고,

03___ 머핀의 안쪽에 크림치즈를 넉넉히 바르고,

04___ 볶은 대파 → 체더치즈 → 햄 순으로 얹고, 다시 빵을 덮어 마무리.

Jalapeno Bacon Sandwich

할라페뇨 베이컨 샌드위치

노릇하게 구워 고소한 빵 사이에 부드러운 치즈와 짭짤한 베이컨이 가득!
느끼함을 싹 잡아주는 할라페뇨까지 더해져 개운한 맛을 즐길 수 있어요.
한입 한입 사라지는 게 아쉬운 샌드위치랍니다.

필수 재료 잉글리시 머핀(2개), 베이컨(3줄), 할라페뇨 슬라이스(10개), 슈레드 모차렐라치즈(½컵)
양념 마요네즈(2)

01 ___ 잉글리시 머핀은 반으로 가르고, 마른 팬에 살짝 굽고,

02 ___ 빵 한쪽에 마요네즈를 고루 펴 바르고,

03 ___ 베이컨은 반으로 잘라 팬에 노릇하게 굽고, 키친타월로 눌러 기름기를 빼고,

04 ___ 빵 위에 베이컨 → 할라페뇨 → 슈레드 모차렐라치즈 → 빵 순으로 쌓고,

05 ___ 파니니 그릴이나 팬에 올려 치즈가 녹을 정도로 구워 마무리.

Grilled Vegetables Sandwich

구운 채소 샌드위치

고기 못지않게 풍미 가득한 구운 채소의 채즙이 입안 가득 풍부하게 느껴져요.
쫄깃, 아삭, 부드러움, 다양한 식감으로 오감이 만족할 샌드위치네요!

필수 재료 가지(1개), 양파(½개), 빨강 파프리카(½개), 치아바타(1개), 바질페스토(4)
양념 식용유(1), 올리브유(4), 소금(0.4), 후춧가루(약간)
TIP 바질페스토 레시피는 12쪽을 확인하세요.

01 ___ 가지는 1cm 두께로 어슷하게 썰고, 양파는 1cm 두께의 반달 모양으로 썰고,

02 ___ 파프리카는 불에 겉이 까맣게 타도록 굽고, 흐르는 물에 씻어 껍질을 벗긴 뒤 적당한 크기로 자르고,

03 ___ 센 불로 달군 마른 팬에 가지를 앞뒤로 노릇하게 굽고,

04 ___ 같은 팬에 식용유를 둘러 양파가 투명해 질 때까지 볶아 꺼내고,

05 ___ 구운 가지와 볶은 양파에 각각 올리브유(2), 소금(0.2), 후춧가루(약간)를 넣어 버무리고,

06 ___ 구운 치아바타에 바질페스토를 바르고, 가지 → 양파 → 파프리카 순으로 올리고, 다시 빵을 덮어 마무리.

참치 샌드위치

누구나 좋아하는 인기 만점 참치마요에
오이를 듬뿍 넣어 식감을 살리고 달콤한 소스로 풍미를 높였어요.
참치마요 아래 샛노란 허니머스터드소스가 포인트!
주말 점심으로 온 가족과 즐겨보세요.

필수 재료 오이(½개), 양파(¼개), 통조림 참치(1개), 호밀빵(2쪽)
허니머스터드소스 마요네즈(2)+머스터드(0.5)+꿀(0.3)
양념 소금(0.5), 마요네즈(3), 후춧가루(약간)

01 ___ 오이는 얇게 썰고, 소금(0.2)에 버무려 20분간 절인 뒤 물기를 꼭 짜고,

02 ___ 양파는 잘게 다져 물기를 꼭 짜고,

03 ___ 통조림 참치는 체에 밭쳐 기름을 제거하고,

04 ___ 오이, 양파, 참치는 마요네즈, 소금(0.3), 후춧가루와 고루 버무려 섞고,

05 ___ 호밀빵에 **허니머스터드소스**를 펴 바르고,

06 ___ 빵 위에 참치샐러드를 듬뿍 올린 뒤 다른 빵을 덮어 마무리.

베이컨 아보카도 샌드위치

'숲의 버터'라 불리는 아보카도로 만든 과카몰레를 듬뿍 넣어
담백함과 건강까지 챙겼어요!
과카몰레만으로 이색적인 느낌까지 물씬, 특별함이 더해지네요.

필수 재료 베이컨(2줄), 슈레드 모차렐라&체더치즈(½컵), 사워도우(2장)
과카몰레 설탕(0.3)+소금(0.2)+레몬즙(1)+으깬 아보카도(2개)+깍둑 썬 토마토(½개)+다진 양파(2)+다진 마늘(0.2)
　　　　　+다진 고수(2)
양념 버터(1)

01　**과카몰레** 재료를 잘 섞어 과카몰레를 만들고,

02　중간 불로 달군 팬에 베이컨을 노릇하게 구워 꺼내고,

03　빵 안쪽에 과카몰레를 바르고, 베이컨과 슈레드 모차렐라&체더치즈를 얹은 뒤 다시 빵을 덮고,

04　중간 불로 달군 팬에 버터를 두르고, 녹으면 빵을 넣어 앞뒤로 노릇하게 구워 마무리.

PART 05

특별함을 담은 이색 샌드위치

paper lotus wrap sandwich

for 2

포두부 랩 샌드위치

다이어트하는 분은 주목!
건강한 포두부를 사용해 밀가루 빵을 대신하고,
양상추, 토마토 등 포만감 있는 재료를 넣어 든든함을 더한 랩 샌드위치예요.
가벼우면서도 한 끼 식사로 제격이라 도시락 메뉴로 좋아요.

필수 재료 포두부(1장), 양상추(2~3장), 토마토(¼개), 오이피클(1개), 슬라이스 햄(4장), 슬라이스 체더치즈(4장), 할라페뇨(적당량)
TIP 양상추 대신 로메인을 사용해도 좋아요.
허니머스터드소스 마요네즈(4)+머스터드(1)+꿀(1)

01 끓는 물(3컵)에 포두부를 넣어 10초간 데쳐 건지고, 찬물에 헹궈 물기를 제거하고,

02 양상추는 한입 크기로 찢고, 토마토는 4등분하고, 오이피클은 납작하게 썰고,
TIP 토마토는 키친타월로 물기를 제거해요.

03 허니머스터드소스를 만들고,

04 데친 포두부를 반듯하게 펴 물기를 제거한 뒤 허니머스터드소스를 ½만 바르고,

05 포두부 위에 슬라이스 햄 → 슬라이스 체더치즈 → 양상추 → 오이피클 → 토마토 → 할라페뇨를 올리고,

06 재료를 얹은 포두부를 돌돌 말고, 종이 포일로 감싸 테이프로 고정한 뒤 반으로 갈라 마무리.
TIP 종이 포일 대신 유산지, 테이프 대신 실을 사용해도 좋아요. 포장지가 없다면 꼬치로 고정해서 작게 등분해주세요.

언위치 샌드위치

빵 없이 만들어 탄수화물을 줄였어요.
대신 달걀프라이, 아보카도, 갖은 채소를
가득 채워 포만감을 살린 완벽한 저탄고지 샌드위치예요.
한입 가득 베어 먹으면 다양한 재료의 풍부한 식감이 조화롭게 어울려요.

필수 재료 아보카도(1개), 완숙 토마토(1개), 양파(½개), 적채(3장), 크래미(4쪽), 달걀(2개), 로메인(8장), 슬라이스 햄(4장), 슬라이스 체더치즈(2장), 당근라페(1컵)
TIP 당근라페 레시피는 35쪽을 확인하세요.
허니머스터드소스 마요네즈(2)+디종머스터드(0.5)+꿀(0.3)
양념 식용유(1)

01 ___ 아보카도, 완숙 토마토, 양파는 1cm 두께로 썰고, 적채는 채 썰고.

02 ___ 크래미는 잘게 찢고, **허니머스터드소스**와 함께 버무리고.

03 ___ 중간 불로 달군 팬에 식용유를 두르고, 달걀 프라이를 반숙으로 만들어 꺼내고.
TIP 노른자가 쉽게 터지지 않도록 윗면도 살짝 익혔어요.

04 ___ 도마에 랩을 깔고, 로메인 → 슬라이스 햄 → 슬라이스 체더치즈 → 크래미 → 양파 → 적채 순으로 올리고.
TIP 접착성이 있는 글래드랩을 사용하면 편리해요.

05 ___ 적채 위에 달걀프라이 → 아보카도 → 당근라페 → 토마토 → 로메인을 올리고.

06 ___ 랩으로 잘 감싼 뒤 반으로 갈라 마무리.

Croque Monsieur

크로크 무슈

크로크 무슈는 빵에 햄과 치즈를 넣고 베샤멜소스를 발라 바삭하게
구워낸 프랑스식 그릴 샌드위치에요.
프랑스어로 크로크는 '바삭', 무슈는 '~씨'를 의미해요.
Mr.바삭은 베샤멜 소스를 듬뿍 넣고 치즈가 녹을 때까지 구워 이름처럼 바삭해요.

필수 재료 양파(1개), 피망(⅛개), 빨강 파프리카(⅛개), 베이컨(2줄), 먹물빵(1개), 슈레드 모차렐라&체더치즈(1컵)
양념 베샤멜소스(½컵), 통후추(약간)
TIP 베샤멜소스 레시피는 15쪽을 확인하세요.

01 ___ 양파는 슬라이스로 얇게 썰고, 피망과 파프리카는 채 썰고.

02 ___ 베이컨은 2cm 폭으로 사각 썰어 팬에 볶고.
TIP 키친타월로 눌러 기름기를 제거해요.

03 ___ 먹물빵은 반으로 자르고, 단면에 베샤멜소스를 넉넉히 바르고.

04 ___ 소스 위에 양파 → 피망 → 파프리카 → 슈레드 모차렐라&체더치즈를 얹고.

05 ___ 오븐에 넣어 180℃에서 10~15분간 치즈가 녹을 때까지 굽고, 통후추를 갈아 얹어 마무리.

Part 5 특별함을 담은 이색 샌드위치

Croque Madame

크로크 마담

크로크 무슈와 짝을 이루는 크로크 마담은
크로크 무슈 위에 달걀(써니사이드업)을 올린 샌드위치에요.
동그란 노른자가 마치 귀족 부인의 모자를 닮았다고 해서 붙여진 이름이라고 해요.
Mrs.바삭은 숙녀의 모자처럼 동그란 달걀을 톡 터트려서 먹는 것이 포인트!

필수 재료 식빵(4장), 슬라이스 햄(4장), 체더치즈(3장), 모차렐라치즈(⅔컵), 달걀(2개)
선택 재료 파슬리가루(약간)
양념 베샤멜소스(1컵)
TIP 베샤멜소스 레시피는 15쪽을 확인하세요.

01 ___ 식빵 위에 각각 베샤멜소스를 바르고,

02 ___ 한쪽 빵 위에 햄과 체더치즈를 얹고,
TIP 햄과 치즈는 식빵 크기에 맞춰 잘라서 가득 채워주세요.

03 ___ 소스 바른 다른 빵으로 덮은 뒤에 모차렐라치즈를 얹고,

04 ___ 오븐에 넣어 180℃에서 10~15분간 굽고,

05 ___ 반숙으로 달걀 프라이를 하고,
TIP 달걀프라이는 기호에 맞게 완숙으로 해도 좋아요!

06 ___ 빵 위에 달걀프라이를 얹고, 파슬리가루를 뿌려 마무리.

Onion Jam Cheese Panini

양파잼 치즈 파니니

구울수록 달콤한 양파를 캐러멜라이징하여 더욱 달콤한 잼으로 만들었어요.
양파잼으로 이미 달콤함과 아삭함을 모두 해결했으니
이제 고소함과 포만감은 치즈에게 맡겨주세요!

필수 재료 캄파뉴 슬라이스(2쪽), 양파(2개), 슈레드 모차렐라치즈(½컵)
양념 올리브유(2), 식용유(2), 발사믹식초(4), 설탕(1)

01 ___ 마른 팬에 캄파뉴를 구운 뒤 한 면에 올리브유를 고루 펴 바르고,

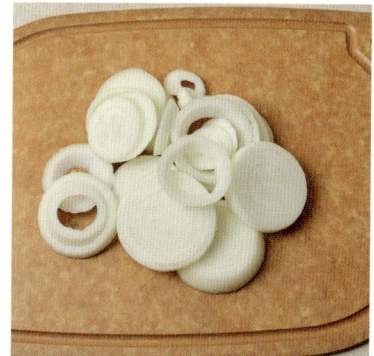

02 ___ 양파는 링 모양으로 1cm 폭으로 썰고,

03 ___ 식용유를 두른 팬에 양파를 넣어 볶고, 노르스름해지다가 밤색 빛이 돌 때 발사믹식초, 설탕을 넣어 한 번 더 물기 없이 조리듯이 볶고,

04 ___ 빵 한 쪽 위에 슈레드 모차렐라치즈를 고루 얹고,

05 ___ 양파잼을 듬뿍 올린 뒤 다시 슈레드 모차렐라치즈를 고루 뿌리고,

06 ___ 남은 빵을 덮어 파니니 그릴에 치즈가 녹을 때까지 앞뒤로 구워 마무리.

Pork Banh Mi Sandwich

돼지고기 반미 샌드위치

베트남에서 즐기는 샌드위치를 우리 입맛에 딱 맞게 바꿔 봤어요.
새콤하게 절인 피클에 감칠맛 짙은 삼겹살, 알싸한 마늘소스가 입맛을 사로잡네요.

필수 재료 반미 바게트(2), 오이(½개), 고수(1줌=40g), 삼겹살(200g), 수제 피클(50g)
TIP 삼겹살은 1cm 두께로 준비해요.
양념장 설탕(0.5)+간장(1.5)+다진 마늘(0.5)+다진 생강(0.2)+굴소스(0.5)+참기름(0.3)+후춧가루(약간)
스리라차마요소스 마요네즈(2)+스리라차소스(2)+피시소스(0.5)+설탕(0.3)
마늘소스 피시소스(1)+다진마늘(0.7)+설탕(0.7)+식초(1)

01 ___ 반미 바게트는 깊게 칼집을 넣고, 안쪽에 **스리라차마요소스**를 바르고,

02 ___ 오이는 어슷 썰고, 고수는 3~4cm 길이로 자르고, 삼겹살은 2cm 두께로 자르고,

03 ___ 삼겹살을 팬에 볶고, 노릇해지면 **양념장**을 넣어 물기 없이 조리듯 볶고,

04 ___ 빵 사이에 물기 뺀 수제 피클과 볶은 삼겹살, 오이를 얹고, **마늘소스**와 고수를 얹어 마무리.
TIP 고수는 취향에 따라 가감해도 좋아요.

TIP 베트남식 수제 피클 만드는 법

필수 재료 당근(1개=100g), 무(200g)
절임물 설탕(3), 소금(1), 식초(3)

당근과 무는 채칼로 5~6cm 길이로 채 썬 뒤 **절임물**에 담가 30분간 절이세요.
바로 사용하면 채소의 식감이 살아요. 냉장고에 보관하면 오래 두고 먹을 수 있어요.

병아리콩 샌드위치

병아리 부리를 닮은 귀여운 병아리콩!
항산화 물질과 식이섬유가 풍부한 병아리콩은 칼로리는 낮고 포만감이 높아요.
식단 조절을 하고 있다면 병아리콩을 갈아 스프레드처럼 활용해보세요.
고소하고 담백한 맛에 빠져든답니다.

필수 재료 병아리콩(½컵), 셀러리(½대), 적양파(¼개), 오이피클(1개), 호밀식빵(2장), 양상추(2장)
허니머스터드소스 마요네즈(2)+머스터드(0.5)+꿀(0.3)
양념 소금(0.2)

01 ___ 병아리콩은 씻어 찬물(3컵)을 부은 뒤 하룻밤 불리고,

02 ___ 냄비에 불린 병아리콩, 콩의 두 배의 물, 소금을 넣어 40분간 삶아 건지고,

03 ___ 삶은 병아리콩을 으깨고,

04 ___ 셀러리, 적양파, 피클은 0.5×0.5cm 크기로 잘게 사각 썰고,

05 ___ 으깬 병아리콩에 손질한 재료와 **허니머스터드소스**를 넣어 고루 섞고,

06 ___ 호밀식빵 위에 양상추를 겹쳐 얹고, 소스에 버무린 재료를 넉넉히 얹은 뒤 다른 빵으로 덮어 마무리.

말린 토마토 피칸 베이글

느끼함은 잡고 진한 감칠맛을 더해주는 말린 토마토와 바삭한 피칸,
차이브가 들어간 크림치즈 스프레드를 듬뿍 넣어 만들었어요.
입에서 느껴지는 풍미부터가 남다르답니다.
한번 먹으면 절대 잊을 수 없는 인생 샌드위치가 될 거예요!

필수 재료 말린 토마토(6~7쪽), 피칸(8쪽), 베이글(1개)
TIP 말린 토마토는 병조림으로 사용했어요. 직접 말린 토마토를 허브와 올리브유에 재웠다가 사용해도 좋아요.
크림치즈 스프레드 크림치즈(3)+다진 차이브(1)+다진 마늘(0.3)+다진 양파(1)
TIP 차이브는 톡 쏘는 듯 향긋한 향이 특징인 허브예요. 취향에 맞는 다양한 허브를 사용해도 좋아요.

01 크림치즈 스프레드를 만들고,

02 말린 토마토는 체에 밭쳐 기름기를 빼고,

03 중간 불로 달군 마른 팬에 피칸을 넣어 바삭하게 볶고,
TIP 볶은 뒤 설탕(2)을 뿌려도 좋아요.

04 베이글은 반으로 가르고, 안쪽에 크림치즈 스프레드를 듬뿍 바르고,

05 말린 토마토와 볶은 피칸을 얹은 뒤 나머지 빵을 덮어 마무리.

Sausage Taco Sandwich

소시지 타코 샌드위치

쫄깃한 토르티야, 톡톡 터지는 소시지, 상큼한 토마토 살사에 고소한 과카몰레까지!
직접 만들어 더 맛있는 소스로 멕시코 전문점 못지않은 근사한 타코 샌드위치를 즐겨보세요.

필수 재료 토르티야(2장), 토마토(½개), 프랑크소시지(2개), 아보카도(1개), 파프리카(빨강, 주황, 노랑 각 ¼개), 양파(½개), 할라페뇨(4쪽), 슈레드 모차렐라치즈(½컵)

TIP 아보카도는 겉을 눌렀을 때 뭉근하게 눌리는 정도로 익은 것을 준비해요.
TIP 슈레드 모차렐라치즈는 샐러드용으로 준비해요.

토마토 살사 설탕(0.3), 소금(0.2), 레몬즙(1), 다진 할라페뇨(1), 다진 양파(2), 다진 마늘(0.2), 다진 고수(2)
양념 식용유(2), 소금(0.2), 후춧가루(약간), 사워크림(½컵)

01 중간 불로 달군 마른 팬에 토르티야를 넣어 앞뒤로 구워 꺼내고,

02 토마토는 0.5cm 크기로 깍둑 썰고, 프랑크소시지는 칼집을 넣고, 아보카도는 껍질과 씨를 제거해 곱게 으깨고,

TIP 토마토는 껍질에 열십자(+)로 칼집을 넣은 뒤 끓는 물에 살짝 데쳐 껍질을 벗겨 준비해요.

03 파프리카와 양파는 채 썰고,

04 깍둑 썬 토마토와 **토마토 살사** 재료를 섞어 토마토 살사를 만들고, 으깬 아보카도와 토마토 살사(½컵)를 섞어 과카몰레를 만들고,

05 같은 팬에 식용유를 두르고, 채 썬 양파와 파프리카를 볶은 뒤 소금, 후춧가루로 간해 꺼내고, 프랑크소시지도 굴려가며 노릇하게 굽고,

06 구운 토르티야 위에 사워크림, 과카몰레, 토마토 살사, 소시지, 볶은 채소, 할라페뇨, 슈레드 모차렐라치즈를 올려 마무리.

페퍼로니 피자 토스트

일반 피자빵과는 비교 불가한 맛!
홈메이드 토마토소스와 향긋한 바질이
고급스러움과 신선함을 더해준답니다.

필수 재료 식빵(2쪽), 슈레드 모차렐라치즈(1컵), 페퍼로니(8개), 오레가노가루(약간), 바질잎(3~6장)
TIP 식빵은 사각식빵을 사용했어요.
토마토소스 설탕(0.3)+소금(0.2)+오레가노가루(약간)+토마토 페이스트(3)+토마토 퓌레(1컵)+다진 양파(½컵)+후춧가루(약간)

01___ 중간 불로 달군 팬에 식빵을 한 면만 노릇하게 굽고,

02___ **토마토소스**를 만들고,

03___ 식빵의 구운 면에 토마토소스를 고르게 펴 바르고,

04___ 슈레드 모차렐라치즈를 고루 얹고, 페퍼로니를 얹은 뒤 오레가노가루를 뿌리고,

05___ 200℃로 예열한 오븐에 넣어 4~5분간 구워내고,

06___ 채 썬 바질잎을 얹어 마무리.

Salmon Mousse Sandwich

연어무스 샌드위치

훈제연어를 갈아 무스로 만든 훈제연어 스프레드를 듬뿍 올렸어요.
촉촉함과 고소함에 누구라도 금방 반할 맛이랍니다.

필수 재료 캄파뉴 슬라이스(2쪽), 루꼴라(20g), 훈제연어 스프레드(4), 토마토 슬라이스(2쪽)
TIP 훈제연어 스프레드 레시피는 14쪽을 확인하세요.
양념 올리브유(1)

01 ___ 캄파뉴는 마른 팬에 살짝 굽고,

02 ___ 루꼴라는 짧게 잘라 올리브유에 버무리고,

03 ___ 빵 한쪽 면에 훈제연어 스프레드를 넉넉히 바르고,

04 ___ 토마토 슬라이스와 루꼴라를 얹고, 나머지 빵으로 덮어 마무리.
TIP 빵을 덮지 않고 오픈 샌드위치로 즐겨도 좋아요.

잠봉뵈르

버터, 잠봉, 빵.
단순하지만 이보다 더 특별한 조합이 있을까요?
고소한 버터와 짭짤한 잠봉이 조화롭다 못해 더 이상 더해질 게 없는
완벽한 맛이랍니다.

필수 재료 버터(½개=125g), 잠봉(8장), 쌀 바게트(1개)
TIP 버터는 이즈니버터를 사용했어요. 무염 버터를 사용하는 것이 좋아요.

01___ 버터는 모양대로 두툼하게 슬라이스하고,

02___ 잠봉은 반으로 접고,

03___ 쌀 바게트는 길게 칼집을 넣어 벌린 뒤 안에 버터를 깔고,

04___ 버터 위에 잠봉을 겹쳐 올리고, 반으로 잘라 마무리.
TIP 코울슬로를 곁들이면 더욱 맛있어요.

> **TIP**
>
> ### 프랑스의 국민 간식 잠봉뵈르
>
> 잠봉뵈르의 잠봉(Jambon)은 짭조름한 맛이 특징인 얇게 저민 햄이에요. 프랑스어로 버터를 의미하는 뵈르(Beurre)를 더해 바게트와 버터의 고소한 풍미와 짭짤한 맛을 느낄 수 있는 프랑스의 국민 샌드위치랍니다.

PART
06

간편한 재료로
간략하게
초간단
샌드위치

두부 샌드위치

빵 대신 단백질 가득한 두부로 샌드위치를 만들었어요.
입안 가득 느껴지는 고소함이 빵 못지않게 매력적이에요.
가장 큰 포인트는 상큼하게 어우러지는 소스랍니다.

필수 재료 두부(1모=500g), 양상추(2장), 슬라이스 체더치즈(3장), 슬라이스 햄(6장)
TIP 두부는 쉽게 부서질 수 있으니 단단한 두부를 사용해요.
양념 소금(약간), 후춧가루(약간), 식용유(3)
소스 마요네즈(2)+머스터드(0.5)+꿀(0.3)
TIP 마요네즈는 저칼로리 마요네즈를 사용했어요.

01 두부는 가로, 세로로 2등분한 뒤 소금, 후춧가루를 뿌려 10분간 두고,

02 양상추는 두부 크기에 맞게 자르고,

03 양념한 두부는 키친타월로 물기를 제거하고, 중간 불로 달군 팬에 식용유를 두른 뒤 두부를 앞뒤로 노릇하게 굽고,

04 구운 두부는 한 면에만 소스를 펴 바르고,

05 소스를 바른 두부 위에 양상추 → 슬라이스 체더치즈 → 슬라이스 햄 순으로 올리고,
TIP 슬라이스 체더치즈와 슬라이스 햄은 두부의 크기에 맞게 접어 올려요.

06 다른 두부로 덮은 뒤 종이포일이나 기름종이로 감싸 노끈으로 묶어 마무리.
TIP 노끈 대신 테이프를 사용해도 좋아요.

for 1

햄 애플 샌드위치

햄과 사과만 있어도 만들 수 있는 샌드위치예요.
만드는 방법이 간단해 요리 초보도 손쉽게 성공할 수 있답니다.
바쁜 아침 식사 대용으로 강력 추천해요.

필수 재료 효모빵(3조각), 양파(¼개), 사과(¼개), 오크잎(4~5장), 슬라이스 햄(2장)
소스 마요네즈(2)+디종 머스터드(1)

01 효모빵은 중간 불로 달군 마른 팬에 노릇하게 구워 꺼내고,
TIP 토스터에 노릇하게 구워도 좋아요.

02 양파는 얇게 채 썰고, 사과는 껍질째 얇게 썰고,

03 효모빵의 한쪽 면에 **소스**를 고루 바르고,

04 빵 위에 오크잎 → 슬라이스 햄 → 양파 → 사과 순으로 얹고,
다른 효모빵으로 덮어 마무리.
TIP 재료를 2단으로 쌓으면 보기에 더 좋아요.

그린그린 샌드위치

보기만 해도 푸릇푸릇해 건강해지는 기분이 들어요.
오이와 알팔파 새싹의 시원한 맛에
고소한 맛의 그뤼에르치즈가 더해져 고급스러운 맛이 난답니다.

필수 재료 청오이(1개), 그뤼에르치즈(40g), 호밀빵(2장)
TIP 그뤼에르 대신 에멘탈 치즈, 아펜젤러치즈 등의 다른 스위스 치즈를 사용해도 좋아요.
선택 재료 알팔파 새싹(1줌)
TIP 알팔파 새싹 대신 녹색의 다른 새싹채소를 사용해도 좋아요.
아보카도 스프레드 아보카도(1개), 올리브유(2), 바질(8장), 쪽파(1대), 소금(약간), 후춧가루(약간)

01 오이는 반으로 가른 뒤 감자칼로 얇게 썰고, 그뤼에르치즈는 적당한 두께로 썰고,

02 **아보카도 스프레드** 재료는 믹서에 넣어 곱게 갈고,

03 빵 안쪽에 각각 아보카도 스프레드를 바르고,

04 그뤼에르치즈 → 얇게 썬 오이 → 알팔파 새싹 → 아보카도 스프레드를 바른 빵을 얹어 마무리.

Paprika Walnut Sandwich

파프리카 월넛 샌드위치

호두와 크림치즈로 고소함을 두 배로!
파프리카를 곁들여 아삭함과 상큼함이 더해졌어요.
5월과 딱 어울리는 싱그러운 맛이랍니다.

필수 재료 베이글(1개), 파프리카(빨강, 노랑 각 ¼개), 호두(5쪽)
TIP 호두 대신 피칸을 사용해도 좋아요.
선택 재료 오이(⅓개)
스프레드 크림치즈(4)

01 ___ 베이글은 반으로 가르고, 약한 불로 달군 팬에 넣어 노릇하게 구워 꺼내고,

02 ___ 파프리카는 모양대로 썰고, 오이는 얇게 어슷 썰고,

03 ___ 호두는 굵게 다지고,

04 ___ 베이글 안쪽에 크림치즈(2)를 각각 고루 바르고,
TIP 크림치즈를 듬뿍 발라야 맛있어요.

05 ___ 오이, 파프리카, 호두를 올리고, 나머지 베이글로 덮어 마무리.

할라페뇨 크림치즈 샌드위치

바삭하게 구운 식빵을 베어 물면
진하게 녹아든 치즈가 입안을 가득 채워요.
중간중간 씹히는 매콤한 할라페뇨가 느끼함을 싹 잡아
완벽한 조화를 이루는 샌드위치랍니다.

필수 재료 식빵(2장), 슬라이스 체더치즈(2장)
할라페뇨 크림치즈 할라페뇨(1개), 크림치즈(4), 다진 마늘(0.3), 후춧가루(약간)
양념 버터(2)

01 ___ 할라페뇨는 씨를 제거해 다지고,

02 ___ 다진 할라페뇨와 나머지 **할라페뇨 크림치즈** 재료를 고루 섞어 할라페뇨 크림치즈를 만들고,

03 ___ 식빵에 각각 할라페뇨 크림치즈를 바르고,

04 ___ 식빵 한쪽 면에 슬라이스 체더치즈를 올린 뒤 빵으로 다시 덮고,

05 ___ 중간 불로 달군 팬에 버터를 넣어 녹이고,

06 ___ 할라페뇨 크림치즈 샌드위치의 겉면이 노릇해질 때까지 앞뒤로 구워 마무리.

치킨랩

아이들이 가장 좋아하는 샌드위치, 치킨랩이에요.
토르티야에 취향대로 채소를 곁들인 후 담백한 닭가슴살을 올려주세요.
허니머스터드소스는 듬뿍 뿌려야 더 맛있는 거 아시죠?

필수 재료 아보카도(½개), 토마토(¼개), 양파(⅛개), 닭가슴살(1개), 토르티야(1장), 로메인(3장)
허니머스터드소스 마요네즈(2)+머스터드(0.5)+꿀(0.3)

01 ___ 아보카도와 토마토는 5mm 두께로 썰고,

02 ___ 양파는 곱게 채 썰어 찬물에 담가 두고,

03 ___ 닭가슴살은 결대로 잘게 찢어 **허니머스터드소스**로 버무리고,

04 ___ 종이포일이나 포장지를 펼친 뒤 토르티야, 로메인을 순서대로 넓게 얹고,

05 ___ 로메인 위에 토마토 → 아보카도 → 닭가슴살 → 양파 순으로 얹고,

06 ___ 토르티야를 꼭꼭 여며가며 싼 뒤 다시 포장지로 싸서 끝부분을 꼬아 마무리.

Sprout Green Sandwich

새싹그린 샌드위치

싱싱한 봄 새싹과 아삭아삭한 채소,
버터를 듬뿍 바른 듯 고소하게 씹히는 크림치즈와 아보카도까지!
풍부한 식감을 좋아한다면 추천하는 샌드위치예요.

필수 재료 아보카도(½개), 오이(½개), 호밀식빵(2장), 새싹채소(1줌)
선택 재료 양파(⅓개)
스프레드 크림치즈(4)

01___ 아보카도는 도톰하게 썰고, 오이는 4mm로 납작하게 썰고, 양파는 둥글게 자르고,

02___ 호밀식빵에 크림치즈를 바르고,

03___ 크림치즈를 바른 빵 위에 오이와 아보카도를 얹고,

04___ 양파와 새싹채소를 얹고,

05___ 남은 빵으로 덮은 뒤 2등분해 마무리.

사과 브리 샌드위치

진한 브리치즈의 풍미에 상큼한 사과로 맛의 포인트를 준 샌드위치예요.
그냥 먹어도 맛있지만 에어프라이어나 전자레인지에 넣고
브리치즈를 살짝 녹여 먹으면 더 맛있어요.

필수 재료 사과(½개), 브리치즈(30g), 바게트(15cm)
TIP 빨간 부사를 사용하면 색깔은 물론 맛까지 더 좋아요.
스프레드 마요네즈(2), 블루베리잼(3)

01 ___ 사과는 껍질째 얇게 썰고,

02 ___ 브리치즈는 사과의 두 배 두께로 썰고,

03 ___ 바게트의 한쪽 끝이 붙어 있도록 가른 뒤 안쪽에 마요네즈를 고루 펴 바르고,

04 ___ 바게트의 마요네즈 위에 블루베리잼을 넉넉히 바르고,

05 ___ 브리치즈와 사과를 얹고, 빵을 덮어 마무리.

Cucumber Sandwich

오이 샌드위치

크림치즈와 얇게 썬 오이 두 가지 재료가 전부지만
맛 보장만큼은 확실한 샌드위치예요.
향긋한 딜을 추가해 물리지 않는 크림치즈 스프레드를 듬뿍 발라보세요.
훈제연어, 슬라이스 햄과도 정말 잘 어울려요.

필수 재료 오이(1개), 식빵(4장)
크림치즈 스프레드 양파(¼개), 소금(0.1), 레몬즙(1), 프레시 딜(1), 다진 마늘(0.3), 마요네즈(4), 크림치즈(1컵), 꿀(1), 후춧가루(약간)
TIP 프레시 딜(1) 대신 마른 딜(0.3)을 사용해도 좋아요.

01 ___ 오이는 얇게 모양대로 썰고, 양파는 잘게 다지고,

02 ___ 다진 양파는 면포로 감싸 물기를 꼭 짜고,
TIP 면포 대신 키친타월을 사용해도 좋아요.

03 ___ 물기 짠 다진 양파와 나머지 **크림치즈 스프레드** 재료를 넣어 고루 섞고,

04 ___ 식빵의 한쪽 면에 크림치즈 스프레드를 고루 펴 바르고,

05 ___ 손질한 오이를 빈틈없이 얹고, 그 위로 오이를 한층 더 올리고,
TIP 겹치거나 엇갈리게 올려주세요.

06 ___ 나머지 식빵으로 덮은 뒤 테두리를 잘라 마무리.

Strawberry Cream Sandwich

딸기 크림 샌드위치

새하얀 크림 속에 쏙쏙 박혀 있는 싱싱한 딸기!
차갑게 먹으면 배로 맛있어요.
점심 지나 따뜻한 오후에 차와 함께 간식으로 즐겨보세요.
기분 좋은 달콤함을 느낄 수 있답니다.

필수 재료 딸기(9개), 식빵(2장), 생크림(240ml)
양념 설탕(2)

01 딸기는 깨끗이 헹궈 물기를 닦고, 꼭지를 제거하고,
TIP 딸기는 너무 크지 않은 일정한 사이즈로 준비해야 샌드위치를 잘랐을 때 예뻐요.

02 생크림에 설탕을 섞고, 뻑뻑하게 뿔이 설 때까지 휘핑하고,
TIP 볼 아래에 얼음을 받치면 휘핑이 더 잘돼요.
TIP 생크림에 크림치즈(2)를 섞어 휘핑하거나 동물성 대신 식물성 생크림을 사용하면 더욱 단단한 크림을 만들 수 있어요.

03 식빵 위에 생크림을 고르게 펼쳐 바른 뒤 딸기를 줄 세워 얹고,

04 딸기 사이사이에 생크림을 채워 윗면이 평평해지도록 바르고,

05 나머지 식빵을 얹고, 랩이나 쿠킹포일로 감싸 1시간 정도 냉장실에 넣어 굳히고,
TIP 냉장실에 넣어 생크림을 굳혀야 샌드위치를 깔끔하게 잘라낼 수 있어요.

06 굳은 빵은 가장자리를 썰고 2등분 해 마무리.

PART
07

친숙한
재료로 만든
한식
샌드위치

Korean Street Toast

길거리 토스트

for 2

가끔 불현듯 떠오르는 한국에서 만든 길거리 토스트의 누구나 아는 맛을 그대로 재현했어요.
도톰한 달걀 부침과 햄, 치즈 그리고 취향대로 골라 먹는 각종 소스들!
평범한 조합이지만 어쩜 이렇게 맛있을까요?

필수 재료 식빵(4장), 양배추(2장), 달걀(2개), 슬라이스 체더치즈(2장), 슬라이스 햄(4장)
선택 재료 당근(¼개), 양파(¼개)
양념 버터(4), 소금(0.2), 후춧가루(약간), 식용유(1), 설탕(0.5). 케첩(4), 마요네즈(2)

01 중간 불로 달군 팬에 버터를 녹인 뒤 식빵을 앞뒤로 노릇하게 익혀 꺼내고,
TIP 식빵을 세워서 식히면 물기가 생기는 걸 방지해요.

02 양배추, 당근, 양파는 얇게 채 썰고,

03 달걀은 소금, 후춧가루로 간한 뒤 손질한 채소를 넣어 고루 섞고,

04 중간 불로 달군 팬에 식용유를 두른 뒤 달걀물을 붓고, 빵 크기에 맞춰 앞뒤로 노릇하게 익히고,
TIP 사각 틀을 사용하면 쉽게 모양을 잡을 수 있어요. 달걀은 두 장 만드세요.

05 식빵에 설탕과 케첩을 뿌리고,

06 빵 위에 달걀 → 슬라이스 체더치즈 → 슬라이스 햄 → 마요네즈 → 달걀 순으로 쌓고, 나머지 식빵으로 덮어 마무리.

for 2

곤약밥 샌드위치

밥을 포기할 수 없는 한국인을 위한 맞춤 샌드위치예요.
흰쌀밥 대신 곤약밥을 사용해 탄수화물을 줄였답니다.
하나만 먹어도 포만감 가득하니
든든하게 챙겨 먹어야 할 아침 메뉴로 추천해요.

필수 재료 통조림 햄(½캔=200g), 오이(½개), 배추김치(2장), 곤약밥(2공기), 달걀(2개), 김밥용 김(3장), 상추(6장)
TIP 밥은 따뜻한 상태로 준비해요.
양념 참기름(1), 참깨(0.3), 식용유(1)

01___ 통조림 햄은 길게 3등분하고, 오이는 햄 길이에 맞춰 납작 썰고, 배추김치는 사각으로 썰고,
TIP 배추김치는 깨끗이 씻은 뒤 물기를 꼭 짜 사용해요.

02___ 곤약밥에 참기름, 참깨를 고루 섞고, 한 김 식혀 4등분하고,

03___ 중간 불로 달군 팬에 식용유를 두르고, 노른자가 반만 익게 달걀프라이를 만들어 꺼내고,

04___ 같은 팬에 통조림 햄을 넣어 앞뒤로 노릇하게 굽고,
TIP 끓는 물(3컵)에 데쳐 사용해도 좋아요.

05___ 도마에 랩을 깐 뒤 마름모 모양으로 김을 올리고, 김 중앙에 양념한 곤약밥(½공기)을 납작한 사각형 모양으로 얹고,

06___ 밥 위에 상추 → 달걀프라이 → 김치 → 구운 햄 → 오이 순으로 얹고,

07___ 남은 곤약밥(½공기)을 올리고, 밥 크기에 맞춰 김을 잘라 얹고,
TIP 김의 크기가 재료를 충분히 감쌀 수 있다면 따로 김을 얹을 필요 없어요.

08___ 네 모서리의 김을 접어 올린 뒤 랩으로 감싸 마무리.

for 1

불고기 비빔밥 부리토

서양식이 맛있다고는 하지만 한식만큼 만족스럽지 않을 때가 있어요.
서양식 부리토에 고추장으로 쓱쓱 비빈 밥을 넣고 불고기를 얹으면
만족도를 백프로 채워줍니다.
한식으로 만들어 더 속 편히 즐길 수 있는 퓨전 부리토를 즐겨보세요.

필수 재료 소고기(불고기용 100g), 양파(¼개), 밥(⅔공기), 토르티야(1장), 상추(3장), 슈레드 모차렐라치즈(30g)
불고기 양념장 설탕(0.4)+간장(1)+다진 파(0.5)+다진 마늘(0.2)+참기름(0.3)+깨소금(0.2)+후춧가루(약간)
양념 식용유(1), 고추장(0.5), 참기름(0.3)

01___ 소고기는 2cm 폭으로 썰어 **불고기 양념장**에 조물조물 주물러 재우고,

02___ 양파는 5mm 폭으로 채 썰고,

03___ 중간 불로 달군 팬에 식용유를 두른 뒤 양파를 볶고, 양파가 투명해지면 불고기를 넣어 노릇하게 볶고,

04___ 볼에 밥, 고추장, 참기름을 넣어 고루 섞고,

05___ 토르티야를 펼친 뒤 중앙에 상추, 밥, 불고기, 슈레드 모차렐라치즈를 얹고, 둥글게 만 뒤 포장지로 감싸 마무리.
TIP 샌드위치용 포장지 대신 유산지, 종이 포일을 사용해도 좋아요.
TIP 밥이 뜨거운 상태로 올려야 치즈가 잘 녹아요.

Beef Fried Rice Burrito

소고기 볶음밥 부리토

고소한 볶음밥에 소고기와 치즈를 듬뿍 얹어
보기만 해도 든든한 부리토를 만들었어요.
느끼함은 싹 잡고 개운함으로 입안을 채우는 할라페뇨가 포인트랍니다.
아이와 함께 먹을 때는 할라페뇨 대신 오이피클을 넣어주세요.

필수 재료 소고기(불고기용 150g), 양파(⅙개), 청피망(⅙개), 밥(½공기=130g), 토르티야(1장), 슈레드 모차렐라치즈(30g)
선택 재료 빨강 파프리카(⅙개), 할라페뇨(6개)
양념 식용유(2), 소금(0.4), 후춧가루(약간)

01 ___ 소고기는 2cm 폭으로 썰고, 양파와 청피망, 파프리카는 잘게 다지고,

02 ___ 중간 불로 달군 팬에 식용유(1)를 두르고, 손질한 채소를 볶다가 양파가 투명해지면 밥을 넣어 볶고, 소금(0.2), 후춧가루로 간하고,

03 ___ 중간 불로 달군 다른 팬에 식용유(1)를 두르고, 소고기를 넣어 물기가 사라질 때까지 볶다가 소금(0.2), 후춧가루로 간하고,

04 ___ 토르티야의 중앙에 볶음밥, 할라페뇨, 슈레드 모차렐라치즈, 고기를 얹고,
TIP 고기를 마지막에 구워 뜨거운 상태로 올려야 치즈가 잘 녹아요.

05 ___ 토르티야의 양옆을 접은 뒤 꼭꼭 여며가며 말고,

06 ___ 중간 불로 달군 마른 팬에 부리토를 앞뒤로 굽고, 토르티야 겉면이 노릇해지면 꺼내 반으로 썰어 마무리.
TIP 머스터드 또는 스리라차소스를 곁들여도 좋아요.

for 1

불고기 햄버거

불고기맛 패티가 아닌, 진짜 불고기를 듬뿍 넣어 햄버거를 만들었어요.
밥만큼이나 조화롭게 어울린답니다.
햄버거빵 대신 모닝빵에 넣어 아이 간식으로도 활용해보세요.

필수 재료 햄버거빵(1개), 소고기(불고기용 100g), 양파(¼개), 로메인(2장), 토마토 슬라이스(1개), 슬라이스 체더치즈(1장)
불고기 양념장 설탕(0.4)+간장(1)+다진 파(0.5)+다진 마늘(0.2)+참기름(0.3)+깨소금(0.2)+후춧가루(약간)
양념 식용유(1), 마요네즈(2)

01 햄버거빵은 반으로 가르고, 약한 불로 달군 마른 팬에 안쪽을 살짝 굽고,

02 소고기는 2cm 폭으로 썰어 **불고기 양념장**에 고루 버무려 재우고,

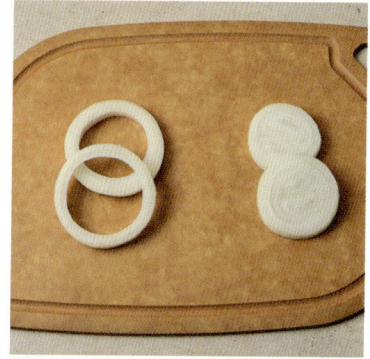

03 양파는 5mm 폭의 링 모양으로 썰어 링 2개와 나머지를 분리하고,
TIP 가장 큰 양파링 2개는 그대로 사용하고 나머지는 불고기를 볶을 때 사용해요.

04 중간 불로 달군 팬에 식용유를 두르고, 나머지 양파를 볶다가 불고기를 넣어 노릇하게 볶고,

05 햄버거빵 안쪽에 마요네즈를 고루 펴 바르고,

06 햄버거빵 위에 로메인 → 토마토 슬라이스 → 양파링 → 불고기 → 슬라이스 체더치즈 순으로 얹고, 뚜껑용 빵을 덮어 마무리.

마늘빵

for 2

노릇한 마늘과 고소한 버터의 향이 너무나 매력적인 마늘빵.
재료는 간단하지만 자세한 팁 하나하나가 맛의 한 끗 차이를 낸답니다.
소개하는 레시피대로 꼭 따라서 만들어보세요!

필수 재료 마늘(5쪽), 파슬리(약간), 바게트(½개)
양념 가염 버터(½컵)

01 마늘은 곱게 다지고,
TIP 마늘이 굵으면 구울 때 마늘만 타기 쉬우니 곱게 다져요.

02 파슬리는 곱게 다지고, 면포로 싸서 주물러가며 흐르는 물에 씻은 뒤, 물기를 꼭 짜 가루로 만들고,
TIP 한 번에 많은 양을 만들 경우, 그대로 말려서 냉동 보관해두고 사용해도 좋아요.

03 버터는 상온에서 녹인 뒤 마늘과 파슬리를 넣어 고루 섞어 마늘버터를 만들고,

04 바게트는 두툼하게 어슷 썰어 마늘버터를 앞뒤로 바르고,

05 180℃ 온도의 오븐에서 10~15분간 겉이 노릇하게 구워 마무리.
TIP 마른 팬 위에 올려 약한 불로 구워도 좋아요.

Part 7 친숙한 재료로 만든 한식 샌드위치

PART
08

곁들이
음식
&
음료 레시피

Carrot Cream Soup

당근 크림수프

한껏 맛이 오른 당근으로
향긋한 크림수프를 끓여보세요.
당근 특유의 향과 달콤함이 입맛을 살려준답니다.

필수 재료 당근(800g), 셀러리(½줌), 양파(½개), 베이컨(6줄), 치킨브로스(4컵), 우유(½컵), 생크림(½컵)
선택 재료 파슬리가루(약간)
양념 다진 마늘(1), 소금(0.5), 후춧가루(약간)

01 ___ 당근은 채칼로 가늘고 길게 썰고, 셀러리와 양파는 잘게 다지고, 베이컨은 2cm 폭으로 자르고,

02 ___ 중간 불로 달군 냄비에 베이컨을 넣어 노릇하게 구워 꺼내고,

03 ___ 베이컨 기름이 남아 있는 냄비에 당근, 셀러리, 양파를 넣어 7~8분간 살살 저어가며 볶고,

04 ___ 양념을 넣어 고루 볶다가 치킨브로스를 부어 끓이고,

05 ___ 끓인 수프를 한 김 식힌 뒤 믹서에 넣어 곱게 갈고,

06 ___ 우유와 생크림을 넣어 고루 섞고, 그릇에 담은 뒤 구운 베이컨과 파슬리가루를 올려 마무리.

브로콜리 치즈수프

추위를 녹이고 온몸을 데워줄 고소한 수프예요.
샌드위치의 사이드 메뉴는 물론 한 끼 식사로도 든든하답니다.
브로콜리 한 송이를 남김없이 알뜰하게 사용할 수 있어요.

필수 재료 다진 양파(1컵), 밀가루(½컵), 치킨브로스(2½컵), 저지방 우유(4컵), 브로콜리(1개), 생크림(½컵), 슈레드 체더치즈(3컵), 슈레드 파르메산치즈(⅓컵)
양념 버터(6), 다진 마늘(1), 소금(약간), 후춧가루(약간), 통후추(약간)

01 ___ 중간 불로 달군 냄비에 버터를 넣어 반쯤 녹으면 다진 양파를 넣어 4~5분간 볶고,

02 ___ 다진 마늘과 밀가루를 넣어 1분간 저어가며 볶고,

03 ___ 치킨브로스와 저지방 우유를 부어 저어가며 끓이고,

04 ___ 끓어오르면 브로콜리를 넣어 약한 불로 줄이고, 6~8분간 끓인 뒤 불을 끄고,
TIP 브로콜리는 잘게 썰어 넣어요.

05 ___ 생크림, 슈레드 체더치즈를 넣어 치즈가 녹을 때까지 젓고,

06 ___ 소금과 후춧가루로 간을 한 뒤 그릇에 담고, 슈레드 파르메산치즈를 뿌리고, 통후추를 갈아 얹어 마무리.

매시드 포테이토 수프

부드러운 무스 같은 매시드 포테이토에
우유만 넣고 끓이면 완성되는 수프예요.
마늘바게트를 곁들이면 따뜻한 아침 식사로 좋아요.

필수 재료 바게트(⅓개), 삶은 감자(4개), 우유(2컵)
선택 재료 파슬리(1줄기), 파르메산 치즈가루(약간)
마늘소스 꿀(1), 올리브유(3), 다진 마늘(0.4)
양념 버터(4), 소금(0.9), 후춧가루(약간)

01 ___ 바게트는 1cm 두께로 썰고,

02 ___ 손질한 바게트에 **마늘소스**를 발라 180℃로 예열한 오븐에 10분간 굽고,
TIP 같은 온도의 에어프라이어에 10분간 구워도 좋아요.

03 ___ 삶은 감자는 한입 크기로 썰어 으깨고, 중간 불로 달군 팬에 버터(2)를 넣은 뒤 으깬 감자, 우유, 소금(0.5), 후춧가루를 넣어 5분간 볶아 매시드 포테이토를 만들고,
TIP 우유가 거의 없어질 때까지 볶아주세요.

04 ___ 약한 불로 달군 냄비에 버터(2)를 두른 뒤 매시드 포테이토(2컵), 우유를 넣어 2분간 끓이고,

05 ___ 소금(0.4), 후춧가루를 넣어 3분간 끓이고.

06 ___ 그릇에 수프를 담고 파슬리, 파르메산 치즈가루를 뿌리고, 마늘바게트를 곁들여 마무리.

for 2

스트로베리 스파클링

딸기를 넣어 만든 음료는 언제나 옳아요.
샌드위치 맛을 해치지 않고 은은하게 어우러지는 딸기향은
먹는 내내 기분까지 상큼하게 만들어줘요.

필수 재료 딸기(6개), 레몬주스(½컵), 시럽(⅓컵), 탄산수(2½컵)
TIP 시럽은 물과 설탕을 1:1 비율로 섞어 끓인 뒤 한 김 식혀 준비해요. 시럽을 끓이는 동안 저으면 결정이 생기니 젓지 말고 끓여요.

01 __ 딸기는 꼭지를 떼고,

02 __ 믹서에 딸기, 레몬주스, 시럽, 탄산수(1컵)를 넣어 갈고,

03 __ 남은 탄산수와 함께 섞어 컵에 담아 마무리.

> **TIP**
>
> ### 딸기 세척법
> 볼에 딸기 1팩(500g)이 잠길 만큼 물을 채운 뒤 베이킹소다(1) 혹은 식초(2~3방울)를 풀어주세요. 딸기는 30초 이상 물에 담그면 비타민 C가 파괴되고 과육이 물러지므로 오래 담그지 않는 것이 좋아요. 물에 담긴 딸기를 살짝 흔든 다음 흐르는 물에 헹궈요.
>
> ### 딸기 보관법
> 딸기는 물이 닿으면 쉽게 무르니 씻지 말고 보관하세요. 수분이 날아가지 않도록 포장 용기째로 랩으로 감싸거나 밀폐 용기에 옮겨 담아 냉장 보관 혹은 서늘한 곳에 두세요. 오래 두고 먹을 양이라면 딸기를 씻어 꼭지를 제거한 뒤 지퍼백에 담아 냉동실에 얼려서 보관하세요.

Strawberry Mint Smash

스트로베리 민트 스매시

은은한 보드카의 향과 상큼한 딸기의 향이 잘 어우러진 칵테일이에요.
보드카는 알코올 도수가 다소 높은 술이지만 딸기와 꿀을 넣으면
술을 잘 못 드시는 분들도 부담 없이 즐길 수 있어요.

필수 재료 딸기(1컵), 꿀(1.3), 보드카(2컵), 얼음(적당량), 민트잎(적당량)

01___ 딸기는 숟가락으로 눌러 으깨고,

02___ 꿀을 넣어 섞은 뒤 보드카를 넣고,

03___ 유리잔에 부순 얼음조각과 민트잎을 담고,

04___ 딸기에 섞은 보드카를 부어 마무리.

라임 모히토

상큼한 매력으로 인기가 많은 라임 모히토!
애플민트 대신 로즈메리를 넣으니 또 다른 매력이 느껴지네요.
보드카 대신 시럽을 넣으면 달콤한 논알코올 음료로도 즐길 수 있답니다.

필수 재료 라임(1개), 얼음(적당량), 보드카(3), 로즈메리(적당량), 탄산수(1½컵)

01 ___ 라임의 가운데 일부분은 모양대로 얇게 썰고, 나머지는 즙을 짜고,

02 ___ 컵에 얼음, 보드카, 라임즙(3)을 넣어 섞고,

03 ___ 얇게 썬 라임과 로즈메리를 넣고,

04 ___ 탄산수를 부어 마무리.

Ruby Grapefruit Marmalade & Grapefruit Ade

루비자몽청 & 자몽에이드

반짝반짝 빨간 보석을 닮은 루비자몽으로 달콤 쌉싸름한 맛이 매력인 자몽청을 만들었어요.
자몽청만 있다면 약간의 허브와 탄산수를 더해 여느 카페 부럽지 않은 자몽에이드를 맛볼 수 있어요.

루비자몽청

필수 재료 루비자몽(2개), 설탕(360g)
TIP 자몽과 설탕의 비율을 1:1로 계량해 사용해요.

01 ___ 물(5컵)이 담긴 냄비에 유리병을 거꾸로 담고, 센 불로 2분간 끓여 소독한 뒤 꺼내 한 김 식히고,

02 ___ 루비자몽은 껍질을 제거한 뒤 과육만 바르고,

03 ___ 소독한 병에 자몽 과육과 설탕을 고루 섞어 1시간 정도 실온에 두고, 설탕이 녹으면 냉장실에 넣어 마무리.
TIP 중간중간 가라앉은 설탕을 저어주면 금방 녹일 수 있어요.

자몽에이드

필수 재료 루비자몽(½개), 루비자몽청(½컵), 얼음(적당량), 탄산수(1½컵), 애플민트(약간)

01 ___ 루비 자몽은 반달 모양으로 썰고,

02 ___ 컵에 루비자몽청, 반달로 썬 자몽, 얼음을 넣고,

03 ___ 탄산수를 붓고, 애플민트를 얹어 마무리.

Grapefruit Earl Grey Tea

자몽 얼그레이티

향긋한 얼그레이에 달콤, 쌉싸래한 수제 자몽청을 넣어
만든 자몽 얼그레이티예요.
유명한 모카페에 가지 않아도 집에서 즐길 수 있어요!

필수 재료 얼그레이 티백(1개), 자몽청(3), 얼음(½컵)
TIP 자몽청 레시피는 203쪽을 확인하세요.

01 ___ 뜨거운 물(2컵)에 얼그레이 티백을 우리고, 티백을 꺼낸 뒤 차갑게 식히고,

02 ___ 잔에 자몽청을 담고, 차갑게 식힌 얼그레이 티를 부어 고루 섞고,

03 ___ 얼음을 넣어 마무리.

> **TIP**
>
> ### 자몽 손질법
>
> 자몽은 껍질째 베이킹소다(2)로 박박 문지르며 흐르는 물에 깨끗이 씻어요. 세척 후 키친타월로 물기를 잘 닦아주세요. 밑동을 잘라 세운 뒤 자몽을 돌려가며 껍질을 깎아요. 이때 쓴맛이 나는 흰 속껍질까지 도톰하게 깎아내요. 자몽의 막과 막 사이에 칼집을 넣어 과육만 발라내면 깔끔하게 자몽을 손질할 수 있어요.

for 2

키위젤리 에이드

새콤한 키위로 젤리를 만들어 에이드에 퐁당 넣었어요.
그린키위와 골드키위로 각각 색을 내니 알록달록한 색감의 에이드가 되었네요.
톡톡 씹히는 식감, 상큼하고 개운한 맛으로 샌드위치와 찰떡궁합이에요.

필수 재료 그린키위(1½개), 골드키위(1½개), 탄산수(2컵)
선택 재료 로즈메리(2줄기)
양념 설탕(½컵), 판젤라틴(10장)

01 그린키위와 골드키위는 모양대로 얇게 썰고,

02 그린키위(1개)와 골드키위(1개)는 각각 물(2컵), 설탕(¼컵)을 넣어 믹서에 따로 갈고,

03 판젤라틴은 찬물에 3분간 불리고,

04 불린 판젤라틴을 두 개의 볼에 나눠 넣은 뒤 전자레인지에 30초간 돌리고,
TIP 판젤라틴은 물기를 꼭 짜서 사용해요.

05 녹인 판젤라틴에 간 그린키위와 골든키위를 각각 섞고, 얼음 틀에 부어 냉장실에서 3시간 굳히고,

06 컵에 키위젤리 → 손질한 키위 → 로즈메리 → 탄산수 순으로 넣어 마무리.

Part 8 곁들이 음식 & 음료 레시피

for 3

코울슬로

마치 사과를 먹는 듯 상큼함이 느껴지는 코울슬로예요.
양배추의 아삭아삭한 식감이 정말 산뜻하게 느껴져요.
모닝빵 사이에 넣어 아이 간식으로 활용해도 좋아요.

필수 재료 양배추(200g), 당근(30g)
소스 레몬즙(2)+마요네즈(½컵)+꿀(1)+소금(약간)+후춧가루(약간)

01 ___ 양배추는 채칼로 곱게 채 썰고,

02 ___ 당근도 곱게 채 썰고,

03 ___ 소스를 고루 섞고,

04 ___ 채 썬 양배추, 당근에 소스를 넣어 고루 버무리고,

05 ___ 냉장실에 2시간 두었다가 고루 섞어 마무리.

Index

0~Z

3가지 치즈 파니니 • **110**

3색 스프레드 브루스케타 • **36**

BLT 달걀 샌드위치 • **70**

ㄱ

감자샐러드 샌드위치 • **84**

게맛살샐러드 모닝롤 • **80**

게살 그릭요거트 샌드위치 • **72**

곤약밥 샌드위치 • **178**

과카몰레 망고 샌드위치 • **44**

구운 가지 샌드위치 • **100**

구운 버섯 시금치 샌드위치 • **108**

구운 버섯 카망베르치즈 파니니 • **98**

구운 채소 샌드위치 • **120**

구운 파프리카 부르스케타 • **48**

구운 파프리카 샌드위치 • **106**

그린그린 샌드위치 • **158**

그릴드 파인애플 샌드위치 • **38**

길거리 토스트 • **176**

ㄷ

달걀 샌드위치 • **94**

달걀 아보카도 샌드위치 • **112**

당근 크림수프 • **190**

당근라페 오픈 샌드위치 • **34**

데리야키치킨 샌드위치 • **86**

돼지고기 반미 샌드위치 • **138**

두부 샌드위치 • **154**

딸기 크림 샌드위치 • **172**

ㄹ

라임 모히토 • **200**

루비자몽청 & 자몽에이드 • **202**

리코타 딸기 루꼴라 샌드위치 • **30**

ㅁ

마늘빵 • **186**

말린 토마토 피칸 베이글 • **142**

매시드 포테이토 수프 • **194**

ㅂ

베이컨 아보카도 샌드위치 • **124**

베이컨 양파 샌드위치 • **114**

병아리콩 샌드위치 • **140**

볶은 대파 치즈 머핀 • **116**

불고기 비빔밥 부리토 • **180**

불고기 햄버거 • **184**

브로콜리 치즈수프 • **192**

비프스테이크 샌드위치 • **76**

ㅅ

사과 브리 샌드위치 • **168**

새싹그린 샌드위치 • **166**

새우 샌드위치 • **56**

소고기 볶음밥 부리토 • **182**

소시지 타코 샌드위치 • **144**

스트로베리 민트 스매시 • **198**

스트로베리 스파클링 • **196**

시저샐러드 샌드위치 • **104**

써니사이드업 에그 샌드위치 • **102**

ㅇ

양파잼 치즈 파니니 • **136**

언위치 샌드위치 • **130**

연어무스 샌드위치 • **148**

오이 래디시 샌드위치 • **62**

오이 샌드위치 • **170**

올리브 오픈 샌드위치 • **46**

와사비 참치 샌드위치 • **54**

ㅈ

자몽 얼그레이티 • **204**

잠봉뵈르 • **150**

ㅊ

참치 샌드위치 • **122**

청포도 브루스케타 • **42**

치킨랩 • **164**

칠리마요 달걀 샌드위치 • **92**

ㅋ

카프레제 샌드위치 • **32**

코울슬로 • **208**

크로크 마담 • **134**

크로크 무슈 • **132**

크림치즈 블루베리 오픈 샌드위치 • **50**

클럽 샌드위치 • **68**

키위젤리 에이드 • **206**

ㅌ

토마토 달걀 오픈 샌드위치 • **40**

토마토 치즈 오픈 치아바타 • **60**

튜나 케일 샌드위치 • **82**

ㅍ

파프리카 월넛 샌드위치 • **160**

페퍼로니 피자 토스트 • **146**

포두부 랩 샌드위치 • **128**

필리치즈 샌드위치 • **78**

ㅎ

할라페뇨 베이컨 샌드위치 • **118**

할라페뇨 크림치즈 샌드위치 • **162**

핫콘 브루스케타 • **58**

햄 애플 샌드위치 • **156**

햄 치즈 바게트 샌드위치 • **74**

햄 치즈 크루아상 샌드위치 • **66**

홈메이드 칠리소스 핫도그 • **90**

훈제연어 베이글 • **88**

훈제연어 타르틴 • **52**